追求卓越
殊途同归
中英教育比较实录

Survive or Thrive?
A Tale of Sino-UK Education

杨军 · 著
Jun Yang-Williams
(BSc, MSc, PGCE, MA)

上海外语教育出版社
外教社 SHANGHAI FOREIGN LANGUAGE EDUCATION PRESS
www.sflep.com

图书在版编目(CIP)数据

追求卓越 殊途同归：中英教育比较实录 / 杨军著.
—上海：上海外语教育出版社，2019
ISBN 978-7-5446-5597-2

Ⅰ.①追… Ⅱ.①杨… Ⅲ.①中学教育—对比研究—中国、英国 Ⅳ.①G639.2 ②G639.561

中国版本图书馆CIP数据核字(2018)第264166号

出版发行：**上海外语教育出版社**
　　　　　　（上海外国语大学内）　邮编：200083
电　　话：021-65425300（总机）
电子邮箱：bookinfo@sflep.com.cn
网　　址：http://www.sflep.com
责任编辑：李　欣

印　　刷：上海新华印刷有限公司
开　　本：890×1240　1/32　印张 8.875　字数 184千字
版　　次：2019年3月第1版　2019年3月第1次印刷
印　　数：5 000 册

书　　号：ISBN 978-7-5446-5597-2 / G
定　　价：39.00 元

本版图书如有印装质量问题,可向本社调换
质量服务热线：4008-213-263　电子邮箱：editorial@sflep.com

纪念我敬爱的父亲杨绍农、母亲李兰英！

我们天上人间，共勉！

感谢我的丈夫A. Williams和我的女儿欢欢

对我的鼓励和大力支持！

前　言

　　21世纪的今天，国家与国家之间的经济往来不断增强，物质、人才、科学技术、文化和教育等各个领域的交流也随之不断地增强，任何一个国家都不可能孤立地发展。教育的目的，也更趋于国际化。对人才的培养，不能只局限在具有一流的科学知识技术这一方面，更需要培养具有国际素养和国际化思维能力的综合人才。国家强大，"软实力"要上去。踏踏实实地干活，改变浮夸的环境，需要我们大家的共同努力。加强基础研究，提高基础教育质量将是摆在我们教育工作者面前的重要问题，光荣而艰巨，任重而道远！

　　作为一个具有丰富中英教学经验的科学课教师，我曾经参加过BBC纪录片《我们的孩子足够坚强吗？中式学校》的拍摄。该片一共三集，于2015年8月4日在英国电视节目的黄金时间播出了第一集，随后两周连续播出，每周一集。节目一播出，立即在中英两国引起了巨大反响，国内网上点击率高达100万次。一时间，中英文化碰撞，以及中英教育对比成为激烈讨论的话题。

近些年来，中国大陆诞生了许多以英语教学为主的，以出国留学为目标的国际学校和国际班。教学大纲从美国的AP，到英国的IGCSE、IB、A-Level，应有尽有。很多家长意识到21世纪教育的特点，希望孩子跟上时代的步伐，接受国际教育。而BBC这部纪录片却让中国传统教育走出国门，走向世界。这种貌似背道而驰的做法，究竟为了什么？中英教育能够相互借鉴些什么？

这本书就是在这个大环境下诞生的。作者阅读了大量国内外相关文献资料，结合自身在英国从事一线教学的经验和体会，酝酿总结出一些观点和看法，但更多的还是问题和思考……

值得强调的是，我们今天生活的时代，是信息化数字媒体时代；在这种环境下成长起来的新一代，是数字媒体人。教育如何跟上新时代的步伐？如何培养适应21世纪新要求的、文理科全方位发展的新型人才？如何在信息数字时代看待中英教育？中英教育比较，到底在比些什么？从表面现象看本质，也是这本书希望达到的目的。

Contents 目录

第一章

BBC纪录片《我们的孩子足够坚强吗？中式学校》拍片经历和思考

第一节：

"你火了！"

相信许多人对英国广播公司（BBC，British Broadcasting Corporation）拍摄的纪录片《我们的孩子足够坚强吗？中式学校》还印象深刻吧？这部三集纪录片在2015年8月4日播出，历时3周，每周一集。节目播出后，反响强烈，国内网上点击率高达100万次，并因此而展开了一场关于中英两国教育对比的讨论。

我的微信也由此变得分外地忙碌，一个西安的朋友对我说："你火了！"我吓了一大跳，"我怎么又发火了？哪里发火了？赶快告诉我！"因为大家都说我在电视上太严厉了，所以我对"火"这个字特别敏感。从前在学校教书，跟英国同事比较起来总感觉自己太软弱，管不住纪律，不够严格，经常暗地里自己批评自己，跟自己过不去。这次片子出来了，大家都说我厉害、严肃，我好生惊喜，真希望在学校工作时能听到这样的评论，那才棒呐！在英国学校做个严格的老师才是好老师，但在片子里被评论"太严格"，就不一定是好事了。国内评论说："中国教师严厉冷酷，难学到东西。"所以我感到不知所措。后来才明白西安朋友说的"火"，真实意思是说我在国内火起来了！红火了！我突然又不知为什么开始有点害怕了，一个人坐着，一动不动地发呆。我可不想火，因为从来没火过。再说，被人评论来评论去的，太闹心！我需要平静的生活。

当时我自己并没有想到此片将会在国内产生多少影响，甚至不知道片子将会被拍成什么样子，只是担心是否能够为中国学校和中国教育争光。毕竟最终考试命题的撰写和批改，我们任课教师完全不能介入，所以我无法了解和控制测试。有太多的未知数，我无从知晓，只有做好专心致志好好教书这一件事。虽然有各种各样的恐慌，但当时我这样安慰自己：只要我尽力了，我努力了，对得起自己的良心就行了！如果真的事与愿违，中式学校输了，我受到责备，也问心无愧。

片子播出后，看到很多评论和质疑，例如：

有人说："中式教育是'填鸭式'，而英式教育是'放羊式'。中式教育模式过时了。"

也有人问："中式教育模式真的过时了吗？中国人向往的'快乐教育'是西方的主流吗？"

又有人说："严厉冷酷，难学到东西。中式教育真的赢了吗？"

更有人说："你们这些中国老师，在国内误人子弟，现在居然把脸丢到国外去了，赶快回来吧，别再丢人现眼了，中国教育是黑中国。"

我开始接受媒体采访了，有来自国内各报刊的记者，也有英国的。BBC中文台更是令我既惊喜又惊讶，当我被邀请去参加专题讨论时，我被围得水泄不通。大家见到我都特别激动，同时一起问问题，场面十分热烈。

片子从2015年元月底开拍，历时六个礼拜，包括两周的前期准备工作。3月中旬拍摄完成后，我的生活便恢复了往日的平静。7月下旬的一个周末，我在伦敦的家里一边看电视，一边做家务，突然从电视机里听到了自己的声音："Phoebe, listen to me!"我抬头一看，原来是我们片子即将播出的广告宣传片。我无法容忍自己的声音和形象，抓起电话就打给了导演："导演，我刚才看到自己在电视上发火，大喊大叫的样子，丢死人了！为什么把我拍成这样？为什么选这段播放？"导演平静地安慰我说："军，不要担心，请相信我。"我听了以后心里还是七上八下的，但我又有什么办法呢？事到如今，也只有听天由命了。在接下来的一周里，该广告连续地反复播放，我天天在电视里听到自己的声音，羞愧不已；但慢慢地，也在极力地容忍和接受着。

第一集播出后，英国各大报刊媒体的头版头条刊登了众多文章，我们中国老师的照片也是随处可见，尤其在英国《地铁报》上，我的照片被单独剪下放大，好丑好丑呀！当时我一人带三门课（物理、化学和生物），再加上教扇子舞和广播体操，累病了，嗓子哑得说不出一句话来，所以照片是一脸病态。很多大报批评英国学生傲慢的态度和无组织、无纪律性的缺点，要求英国教育改革。我老公，一个与世无争的地道英国人，整天乐呵呵地到处积极买报纸，只要是有关中式学校的报道，他都买。回到了家就读给我听，读得幽默诙谐，逗得我笑成一团。邻居也关心地对我老公说："我感到非常对不起你的妻子，我们的孩子太没管教了！我看中式学校可能赢不了。"接着又问："中式学校赢了吗？"我老公笑着说："这个保密，请看下集。"

此片一共三集，连续播放了三周。之后不断地又有来自中英两国的记者采访我，我也受邀做了许多讲座和演讲。有些问题，让我体会到中英双方其实都不十分了解对方的教育，有瞎子摸象的感觉。同时也感到有些问题提得特别深刻，不是一两句话可以回答的，而是需要大量时间去深入研究的社会课题。这些问题的提出，激发了我的写作欲望，于是我就开始自己动手写起文章来，并先后在英国教育大报上发表，其中包括英国最权威的教育媒体《泰晤士报》，阐述自己作为一个中国教师对英国教育的体会和看法。从此，一个默默无闻的普通教师，走向了一个新的、更宽阔的社会舞台。

在采访中，国内的记者和热情观众向我提出了很多问题，例如：

- 应试教育和创新教育您觉得矛盾吗？
- 之前很多欧洲国家还专门来研究中国的基础教育。杨老师，您觉得我们还要反思哪些方面？
- 现在大家一说到教育，都强调中式教育的失败。那么请问杨老师，您认为家庭教育、学校教育以及社会教育哪个更重要？

- 三集都看过，感觉那些英国孩子太懒了，还挺欺生的，对不尊重老师的现象感到难以置信。英国老师是如何控制课堂纪律的？
- 中式教育为什么重新开始被全世界重视？中式教育靠什么战胜了英式教育？中西教育的比较有一个结果吗？
- 你们说的话是不是BBC写好了的台词，让你们念出来的？

同时，我也因此受到英国教育大臣的接见，并有幸参加英国教育部组织的教育会议，并在会议上发言。我对中英教育的看法在英国《泰晤士报》上公开发表，"课堂上每五分钟就检查测试一次学生的进步情况，已经把教师变成了讲坛上的演员。"我的这句话，也被专题引用，并被英国《泰晤士报》、新华社和《欧洲时报》称为"Star Teacher（明星老师）"。（图1-1-1，接受BBC Radio 4 采访）同时，我的工作得到了教育大臣的高度肯定。他在英国教育部官网和英国《卫报》上是这样讲的：

"我最近见到了Jun Yang-Williams（我的英文名字），《我们的孩子足够坚强吗？中式学校》纪录片中的科学老师。在过去十年里，她在英国学校教书（虽然制片人忽略了这个事实）。杨在中国西安开始了她的教学生涯，她在中英教学比较方面很有发言权。"①

---

① N. Gibb, *The Guardian* (26 Nov, 2015), "The maths teachers of Shanghai have the perfect formula for learning"; Available at: https://www.theguardian.com/commentisfree/2015/nov/26/maths-teachers-shanghai-china-uk [Accessed on 28 September, 2017]

图1-1-1：接受BBC Radio 4采访

第二节：

我是如何进入BBC摄制组的？

"你说什么？用中式教学方法教英国学生？这是谁的主意？"我惊讶地问。"这也太好玩了！"我说。当时我正在伦敦一所大学攻读教育比较学硕士，是班里为数不多的成人学生之一。在英国肯特郡的一所文法中学教书10年后，我辞去了这份全职工作，来到了一所离伦敦较近的私立中学工作，目的是为了下午放学后方便去伦敦上大学。2013年9月，在经过一系列严格的入学考核程序后，我又重新走进了英国大学的校门，攻读教育比较学硕士。为什么在这个年龄放弃工作来读书？难道是像年轻人一样为了拿到文凭后去找更好的工作吗？对我来说不是的。我读书的目的，纯粹是为了学习、提高、找答案，回答我十年工作来积累的问题：不同的语言和文化对教育的影响是什么？教育的目的是什么？我是谁？我属于哪里？为什么要流浪异国他乡？我在寻找什么？落叶是否要归根？什么才是幸福？等等。

一边是全职（full time）工作，一边又是全日制的学习，当时的压力还是不小的。每天一大早出发，坐火车去伦敦上班，下午下班后就径直坐地铁往大学跑，路上顺便买个三明治充饥。还好，我们所有的必修课和选修课全都安排在下午或晚上，所以我可以两者兼顾。

再一次走进英国大学的课堂，与2001年我在英国萨里的一所大学接受教师培训时的情景相比，别有一番滋味。当时我是班上唯一的中国学生，而这次我们班一半以上的学生是来自中国的；当时我在班上和同学同龄，而这次我是大妈，年龄比同班同学大一倍；当时我周末要打工，挣零花钱养活自己，而这次我们班的中国同学很少有人打工的。记得我们班有个国内来的男生，每次来到教室，都要带两塑料盒的樱桃，放在桌子中间给大家分享。我不禁问他："樱桃这样贵，你每次上课都买给大家吃，太破费了吧？"他回答说："不贵不贵，比国内便宜多了。"我不清楚国内的物价，但我知道这樱桃是不便宜的，英国大学生是负担不起这种慷慨的。经常看到国内来的同班同学下课后去学校对面的中餐馆吃饭或买外卖，回想起自己当年花五英镑就心疼不已的情景，真是感慨万分。时代变了，而自己一头扎在教学中，一晃就是十年，全然不知巨变了的世界，跟不上时代的步伐，落后了呀！

我特别喜欢跟国内来的同学聊天，因为终于找到可以说中文的人了。在英国中学教书时，为了能站稳脚跟，在工作上下了很大的力气。往往是别人一小时备完的课，我需要两小时，甚至更多。要讲地道的英语，学他们的说话方式、办事方式和思维方式；言谈举止上小心翼翼，一心一意地为了被接纳并融入其中而努力改变着自己。为了这个，我要忘掉自己的背景，忘掉自己是谁，从哪里来。时间长了，非常迷惑，也非常想家。有一天下课我去洗手间，听到两个老师聊天。他们讲什么我听不懂，因为他们是我校的法语教师，下课后相互用法语交谈。我一边洗手，一边默默地听着，一股强烈的孤独感和思乡之情油然而生。默默地一人走回自己的实验室，心里特别伤感。学校别的老师，要么是英国本地人，要么虽然是外国人，但因为是外语教师，相互有人作伴。而我呢，科学系的老师都是英国本土人，学校也没有开中文课，我是唯一的中国人，所以当时我感到非常地无助和寂寞。要是有谁能跟我讲一会儿母语，那该有多好啊！

在大学，我们班上的中国同学也特别尊敬我，使我感到特别开心。他们认为我有英国教学经验，了解英国社会，又是大妈辈数的人，所以特别喜欢问我问题。而我呢，也特别喜欢回答他们提出的问题，无论是有关教育的，还是生活的。这种友好和尊重的态度，使我耳目一新，整个人都精神了一截子，好像年轻了十岁一样。一下课就往图书馆冲，忙着借书，读书，写论文。大学的图书馆，是我的天堂，那里的书太多太丰富了，而自己就好像一个吸水力极强的海绵，拼命地吸收着知识的营养。有时会花很多时间读与自己论文无关的书，因为有兴趣，同时感觉自己知道的太少了；也意识到有许多中国人在英国干得非常出色，很优秀，他们在英国都是教授级别的人了，发表的论文很有水平。本以为自己还算是混得不错的，单枪匹马打入英国主流社会，成为一名英国中学的科学教师，也算是个中产阶级的人了。看到他们，才知道原来自己是个井底之蛙呀！

知识就是力量，读书的经历充满了乐趣，回答了我许多的问题，但同时又产生了许多新问题。经常与同学和老师讨论有关教育的问题，大家也越来越相互了解了。一天，有人对我说，BBC要拍片子，需要一个会讲科学课的中国教师，觉得我的背景比较合适，建议我去试试。

"什么？给英国学生用中国方式教书？谁的想法？太有意思了！"我说。在英国教书多年，潜意识里感觉到他们的教育理念并不一定十全十美，但就是从理论上说不出来多少，这也正是我目前求学的主要原因。当时也梦想过：如果学校允许我借鉴中式方法教学，不要对老师使用的教学方法管得太紧，那该有多好啊！这样我可以做真正的自己，也活得更自在、更开心一些。没想到还真有这事儿，不会吧？不敢相信自己的耳朵，同时又兴奋不已。就这样，我被介绍给了BBC的导演。

那天我第一次走进BBC的大厅，非常兴奋。脖子上挂着BBC的牌子，既自豪又快乐。我跟在一个工作人员的身后走着，眼里却观察着一排排的办公桌和忙忙碌碌的人们，不知不觉已被带到了楼上。工作人员礼貌地让我坐下，转身走了。不一会儿，两个年轻漂亮的英国女性出现在我的面前，一位是导演，一位是助手。坐下后，导演就开始问我问题了，助手在一旁记录。主要问了我一些教书的经历，以及我对中英教育的看法等。因为自己还正在攻读教育学硕士，着手写作毕业论文，阅读过不少这方面的专著，再加上自己本身就是个教书匠，所以讲得头头是道，津津有味，活灵活现，有时会把导演逗得笑成一团。最后导演又问我怕不怕镜头，我一个当教师的，在众多人面前讲话已经不是什么新鲜事了，所以我说不怕。就这样，我被选中了。那是2014年5月份的事了。

很快我就被BBC叫去拍片了。那时的我，除了撰写毕业论文外，已经不再有课了，所以刚好在时间上比较自由。当时BBC说得很清楚：1）拍摄时间一共是两天；2）片子只是台里内部使用的，不对外播放；3）如果将来继续拍摄此片，不保证自己一定会有参加正式拍摄的机会。

那两天的拍摄地点，就在大家看到的博航特中学。中国老师只有两位，我教化学，另一位教英语。拍摄的前一天我被BBC安排在博航特中学附近的一家酒店住下，晚上与摄制组成员在附近酒吧共进晚餐，并见到了博航特中学的副校长。当时他给我的印象是年轻、英俊、有自信；而这印象，后来也从没改变过。

第二天一大早起来，我非常激动，赶紧洗漱打理好去了用早餐的地方，希望能见到另一位中国老师。导演曾经告诉过我她来自曼彻斯特城，是一位非常有经验的英语老师。与BBC摄制组的一名英国男士打了招呼，就自己一人坐下来开始用早餐了。那男士不吃饭，在电脑上忙着什么；女导演还没有下来，也不见我的中国同事。不一会儿那个英国男士开始放音乐给我听，让我从中选一个用来教学生做广播体操。我一边吃饭一边听，越听越不对劲儿。虽然曲子一听就知道是中国的，但节奏、乐器都不适合。比如二胡演奏的《二泉映月》就是他推荐的其中一首。我听得连饭都吃不下去了，这音乐能做操吗？扭秧歌还差不多！我着急地对他说："之前我复习广播体操好几天了，如果你坚持让我用这些音乐，我无法完成任务。"本来给英国学生教操就不容易，再使用这种音乐，可以想象学生会怎样搞笑逗乐了。一旦纪律失控，就无法教学生体操了。在我的坚持反对下，BBC节目组又给了我许多音乐让我选，我仔细聆听每一首曲子，最后选中了大家片子里听到的那个音乐，也算是节奏上最合适的了。

那个中国女老师终于来了，那天她身穿中式裙装，手提精致的中式提包，非常有风度。上午我们一同拍摄了走进博航特中学的场景，又去了操场拍摄升国旗，教学生广播体操的场景。那天我特意穿了裤子，以方便教操。接着是英语课，那个女老师讲解了一首莎士比亚的诗，课堂纪律就出现了失控的问题，当时我印象极深；而我的化学课被安排在了下午。因为是中式学校，我使用了传统的中式教课模式，即老师在前面讲，学生在底下听。我讲的是元素周期表的排列规律以及如何计算某原子的质子数、中子数和电子数。使用的教室也正是片子里出现的那个科学课教室，50名学生一排排地坐下，和后来节目中看到的一模一样。那天的课，也上得同样艰难。

下午我的化学课拍完后，就没有再看到那位中国女教师。问了导演，才知道她先回去了，而且她也不住在宾馆。哎！连说再见的机会都没有。而且后来拍摄正片的时候，也没有再见到她了。

当天晚上，我一人与拍摄组的成员，又拍摄了家访的场景：去了一个男生的家，与家长谈心，在孩子每天做家庭作业的事情上，争取家长的理解和支持。因为我们知道，中国学生是要上晚自习的，而英国学生连家庭作业也不一定按时完成。那天拍摄完毕后，已经很晚了。回到宾馆，我精疲力尽，倒在床上就睡着了。第二天，我们拍摄了学生打扫卫生、做眼保健操和广播体操等活动，没有再拍摄上课的情形。

一切又恢复了往日的平静：天天泡在图书馆，阅读资料；同时设计市场调查和采访方案，积累数据，制作图表，撰写论文。有时候也会突然想一下BBC的项目，不知近况如何，也不知自己是否有机会再次参与到其中去。

一晃已经毕业了，感觉自己增长了许多理论知识，开阔了眼界，跟上了时代的步伐。谁说读书学习只是年轻人的事？成年人就不再需要学习了吗？活到老，学到老，是当今社会发展的需要啊！以前在中学教书时经常在学校走廊两旁看到不同的海报，其中印象很深的一个是：Globalization（全球化）。虽然自己当时还不太明白这到底是什么涵义，意味着什么，但却很被这个字眼所吸引，好像有一种包容和接纳的感觉，而这也正是我多年与英国人打交道最需要的东西啊！它是我内心的呐喊！再努力改变自己，还是认为自己不够local（本地化）；而提倡global（全球化）让我耳目一新，有一种归属感。这一年的紧张学习，让我系统地了解了语言文化与教育的关系，并通过研究当前的教学大纲、课程框架、教学实践和理论观点，审视教育政策，研究创新具有包容性和跨文化特点的教学方法。与此同时，我学习了解了什么是全球化（Globalization），它对教育的影响是什么，以及摆在我们每个人面前的新挑战是什么。学习知识，打好基本功是硬件；掌握技能，不断在新形势下改变自己，发现自己，适应新形势是软件。而这种软实力，正是21世纪新环境下所需要的，也是英国教育所倡导的。

这年秋季，我回到了故乡西安。国内变化太快了，回国好像出国一样，除了会说母语以外，什么都不会了。胃口也变了：在英国经常梦想的家乡风味小吃，一想起来就流口水的。但现在再吃，好像没有以前那么香了，而且感觉口味有点重了。

有幸参观了许多国际学校和国际班，大开眼界。这些学校，在我当年出国时，是不存在的。也参观了我母亲当年所在的中学，其国际部办得红红火火，热火朝天。我母亲是有着35年教龄的特级中学教师，而我从小就在我母亲工作的学校长大。不像西方文化讲究隐私，我们学校的老师和校长都住在一所家属院，大家都是邻居，对谁家的事也都是基本了解的，就连夫妻吵架，学校领导也要参与调解。所以这次回去，见到了许多的老邻居，还有我妈的老同事，分外亲切。只可惜父亲和母亲大人先走了一步，回家后房子空空，人没了，有的只是破旧的家具和美好的回忆。恨自己自私自利，不忠不孝，内心的自责和伤感难以用语言形容。

美丽无比的大雁塔，就坐落在我妈学校旁，我家旁。看到它，好像看到了我的母亲、我的童年，怎么看也看不够。记得小时候，我妈是班主任，特别要求上进，积极向党组织靠拢。她曾每周带学生去大雁塔义务劳动，亲自带领学生擦洗大雁塔里的七层木制楼梯。我也因为没人照顾，小小年纪脖子上挂着家里的门钥匙，不仅要独立照顾自己和简陋的家，还学会了做饭的本事。站在小板凳上，拿着比自己个子还高的擀面杖擀面条，并出去挖芨芨菜、仁合菜等，做饭给全家吃。

我母亲学校的国际部，坐落在学校大操场的南边，而我家住的家属楼，就在北边，中间只隔一个四百米跑道的大足球场。从前的操场是土的，四周是一圈粗壮高大的树，夏天知了叫的声音很大，太阳红红的，周围有野花野草。我最喜欢的是那粉红色的喇叭花，常在大操场抓蝴蝶，逮蛐蛐，有时还看到蜻蜓飞。眼前的操场虽然崭新、现代，但再看不到那些自然景象了。这与英国人相反，他们更喜欢保护传统，有的村庄一百年没有变化。我老公就是一个地地道道的英国乡巴佬，喜爱乡村，经常开车带我去乡下看村子里的老宅子、酒吧、一个人运营的村落邮局以及那古老的城堡、美丽的自然风景、成群的牛羊，骄傲地给我讲解着百年不变的故事……而国内这眼前的变化，让我措手不及，那棵高大粗壮的柳树不见了，知了的叫声再也听不到了，小时候记忆中的景象再也看不见了，心里不禁忧伤起来。

国际部的校长，是一位来自英国中部城市年轻英俊的男士，而其他教师，则主要由一批优秀的年轻中国教师组成。学校的墙上挂满了英国、美国名牌大学的牌子和照片，以及他们参与考试的国际资格认证委员会。与这位英国校长交谈，我的手指不禁指向了我家的大楼，告诉他我长大的地方。此时此刻，我百感交集，难道这就是所谓全球化（Globalization）的一个亲身例证吗？一个中国女人跑到英国去教书，而一个英国男人却在中国当校长，还居然就在我家门口！

接下来，我又参观了其他几个西安有名的国际学校。学生设计的科学航天飞行器以及艺术作品，真是一流水平，不比专业水平逊色。一直为自己英国学生的中国剪纸作品而骄傲，贴在学校显著的位置展览炫耀；可一看眼前中国学生的剪纸作品，感觉自己的学生太业余了。还有那墙上的油画、水彩画，学生设计的椅子、凳子、罐子，技术上成熟老练。那毛笔书法，看了简直是一种享受。孩子们的舞蹈照片，基本功扎实，表情丰富，不比新春联欢会水平低；而那弹古筝的照片，声情并茂，看着看着，仿佛幽雅的古曲从照片中流淌了出来……我不禁感叹：在国内教书该多有成就感啊！学生们学什么，像什么，那精益求精的精神，值得英国广大师生学习借鉴，真希望带英国学生来这里参观学习。谁说中国学生只会死记硬背没有创造力？创造力是建立在对客观规律的认识和熟练掌握的基础之上的。如果学生的基础知识不扎实，甚至简单的算术题也离不开计算器的话，发明创造从何谈起？即使发明了，有逻辑和规律可循吗？可以经得起考验吗？

记得在英国有一次我收家庭作业，一个学生从书包里掏了半天，掏出来一个纸蛋蛋塞在了我的手里，好像要扔进废纸筒的垃圾一样。"这是什么？"我问。"作业！"回答道。我还得自己把它打开，铺平，皱皱的纸上没写几个字，让我哭笑不得。不禁梦想着带英国学生来这里参观体验，开阔眼界，相互学习，共同进步。

国际部的中国孩子，眼光都很高，特别是很看重大学的排名；而欧洲大陆去英国留学的留学生更在意专业的选择和在大学里的生活体验，以及工作前景等：两者重点有所不同。想当年我那一辈人为了出国留学，砸锅卖铁还求之不得；现如今国内学生家长非名校不考虑。这种变化，着实令我深感意外！

人在西安，脑海里却时不时地想起BBC，不知自己可否有希望参加正片的拍摄。上次试拍时的女导演和我一直保持着联系，因而得知他们正在国内海选中国老师，意识到自己再次参与的机会渺茫。据说有人感觉我英国味太浓，对我有些顾虑。以前在学校教书时总因为自己不够英国，太中国，而常常感到自己是个局外人。现在却嫌我太英国不够中国，而失去我梦寐以求的好机会，真是走到哪儿都是个倒霉蛋儿！吃不开的人，喝凉水都塞牙缝啊！从此我对此事不再抱任何希望了。这么大的国家，这么多的人才，而且都是年轻人才，想找个老师，还不容易吗？心里虽然感到很遗憾，但也无济于事呀！

十二月的西安，天黑得特别早。我一人在家看书，写东西，自己找事做。突然手机响了。响的这个手机，国内朋友是不用的，他们只用我当地的手机号。会是谁呢？才跟老公网上通过话了呀！接起电话，传来的是一个英国男人的声音，他说他的名字叫本，是BBC《中式学校》的导演。我听了吃了一惊，同时也非常高兴。那晚我们通话的时间特别长，他问了我许多关于中英教育方面的问题，问得很细，也很专业，说是要听我对中英教育的观点和看法。最后他说道："我还是担心你太英国了。"我说："我是中国人，说英语还有中国口音呢，难道这还不中国吗？"他哈哈大笑了起来，说："请把你的简历寄来，再给我三个推荐人的联系方式，我们一周以后给你结果。"

虽然不确定是否能抓住这个机会，还是兴奋地告诉了我西安的同学们。大家都为我高兴，说他们一直看好我，知道我不同一般。我非常感谢他们对我的友谊和厚爱，每次回国，他们都会立马放下自己家里的事，工作再忙都会热情接待我。他们给我的要比我给他们的多得多。我心里很惭愧，希望自己早日有机会回报他们。

一个礼拜后，我正式与BBC签约了。

第三节:

我的BBC纪录片拍摄经历

　　虽然正式与BBC签约了,原来想象中的兴奋却一点也没有;有的反倒是压力,感到肩头责任重大。在赶回伦敦拍片之前,我在妹妹家小住。自从父母离开了我们,我妹的家一下子就显得空荡荡的,楼上楼下,除了两个收留的流浪猫,就没有什么了。我很心疼她,虽然人在国内,却没有了亲人,丈夫成了她唯一的亲人。多住几天吧,陪陪我妹。我担起了我妈的角色,每天在家给他俩做饭,炖汤,补营养,可是多大的孩子都需要妈,我又怎能代替我妈呢?自从父母走了以后,我们姐妹的关系更亲近了,更理解对方了。我们要相互照顾、体贴,才能让父母在天堂放心。同时我也非常感谢我的妹夫,替我承担,代我尽孝。我本是老大,却不忠不孝,后悔和遗憾,永远折磨着我。还是夹着尾巴做人吧!

那时候，由于时差，手机每天半夜响，都是BBC不同部门的工作人员打来的。各种各样的准备工作头绪很多，琐碎繁杂，但我最关心的还是我的授课内容。那天，终于拿到了物理、化学和生物学三门课程的教学内容，而这些教学内容，将在拍片时与博航特中学的老师同时进行，平行展开。教学时间相同，教学内容相同，所不同的是：

① 英式学校小班上课（25人），学生学习水平相当；中式学校大班上课（50人），学生学习程度参差不齐，为混合班。

② 英式学校用英式方法授课；中式学校用传统的中式方法授课。

③ 英式学校师生相互了解，良好关系早已建立；中式学校教师初来乍到，互不了解，需要时间赢得学生的信任。

当时我感到压力很大，害怕自己承担不起这一光荣而艰巨的任务，所以不分昼夜，赶快集中精力专心备课。

回到伦敦的第二天，BBC派来的出租车就停在我家的门外等我了。回来的旅行箱，几乎没有更换里面的衣物，又提着上了车，奔向了拍摄组目的地。老公站在家门口再次向我挥手告别，脸上挂着欣慰的笑容。他的笑，我最懂。他为我高兴，更知道这对我意味着什么。十年的教书历程，他亲眼目睹了我艰苦挣扎的旅程，为我自强不息、永不放弃的精神所折服。他特别佩服中国人的毅力和吃苦耐劳精神，也反省自己作为英国人，相比之下比较容易放弃的态度。老公总是在我困难时鼓励我，说我有成吉思汗的勇敢。他知道我不会让中英教育失望的。而我也明白，这一去，至少也要两周以后才能回家的。谢谢你，老公，守候着这个家，负担着家里全部的责任，使我能够自由自在地追求自己的梦想，无忧无虑；再谢谢你，老公，对我无微不至的关心和鼓励，在我忧伤、怀疑自己能力的时候鼓励我，让我坚信自己，给我力量；更谢谢你，我的老公，对我宽容体贴。在他眼里，我十全十美，缺点都是优点，丑都是美，而且从来没有做错事的时候。因为我对自己要求高，有时会反省自己，批评自己。他就为我开脱，为我说话。也许，这就是爱！老公对生活要求不高，平凡简单；但也正是他那与世无争的朴实生活态度，才能够容忍我要强的性格，给我空间，给我时间。有时候当我感到困难超出了自己的能力时，他就会幽默地对我说："军，你是成吉思汗的曾曾曾孙女儿，骑在马背上的草原女英雄，没有你战胜不了的困难。"（图1-3-1和图1-3-2：老公和我）

图1-3-1 & 图1-3-2：老公和我

老公出身劳动阶层，从小并没有接受过多少正规教育，更谈不上读大学了，所以他特别敬佩我，羡慕我有知识，可以在英国独立闯出一片天地。他在我身上，也看到了中国人民的勤劳、智慧和坚强。他也会经常自嘲说："If I had a Chinese science teacher in my school, I would have learnt the meanings of particles, molecules, atoms and ions."意思是："如果当年我上学时，有幸接受中国科学老师的教育，今天我一定会懂得粒子、分子、原子和离子这些大词的意思了。"（图1-3-3：老公少年时的形象）。

图1-3-3：老公少年时的形象

时差还没倒过来，一上出租车，就舒舒服服地睡着了，这一觉睡得很香，也很深。一睁眼，车已经停在了拍摄组给我们安排的小别墅前。导演和摄影记者一共好几个人，扛着重重的摄像机，已经在门外等我开拍了！我按了门铃，站在那等儿，还不太适应这架势，有些不知所措。司机将我的箱子提了过来，缓解了一下我紧张的情绪。进屋发现，房子是BBC专门给我们中国教师租的，宽敞而明亮。我的卧室，在楼上的阁楼里，有自己独立的洗手间，楼下是干净明亮的客厅和厨房。BBC摄制组想得真周到，给我们购置了电饭锅、大米、鸡蛋、肉、蔬菜以及各种调料，就连筷子都准备了。

每天一大早天还没亮，摄制组派的出租车就准时来到我们的住所，接我们去博航特中学上班。博航特是一所典型的英国中学，坐落在一个美丽的英国乡村，空气新鲜，环境优美，而我们的中式学校就设在该校里面。一路上乡间小道，曲径通幽。车开在窄窄的乡间小路上，两边是茂密的、绿油油的树木，有时还可以看到一群群牛羊在田间悠闲地吃草。

走进博航特中学的大门，我既兴奋又紧张。我将要以中式方式教授科学课了，终于可以在英国教室里还原从前的自己了，那感觉特别轻松，特别美妙！在英国教书十年来，这种事做梦都不敢想，今天居然要真的变成真的了，这本身该不会是一场梦吧？不过，我不知道英国学生将会如何看待我们这群来自中国的老师。我们会成功吗？代表中国的教学方式来到这里，我感到责任重大。

我们中式学校的教学时间表是参照一个典型的中国学校的时间表而制定的。国内教育发展因地区经济发展的不平衡而出现多元化的现象，公办中学、民办中学、国际学校等并生共存，参照哪一类学校的作息时间表，成了问题。考虑到英国博航特中学是一所公办普通中学，与其相对应，我选择了国内一所公办普通中学的课表作为参照。

这就有了大家后来看到的从早上7点开始，到晚上7点结束，并包括晚自习的作息安排。而升国旗、做广播体操、做眼保健操和打扫卫生等内容，是BBC原来就有的计划。事实上，考虑到英国学生的特点，这个作息时间表已经是一个有所调整的时间表了，真正的中国学生的晚自习是要一直到晚上9点才结束的。当时我不禁问自己：英国学生会如何看待这个课程时间表呢？他们能接受吗？

博航特的校长、老师和学生对我们的到来表现得非常热情，使我们感到温暖。在校园里每遇到一个学生，都会用中文问候我，让我紧张的情绪放松了下来，同时也感到孩子们太懂事，太有礼貌了。那时我就下定决心，一定要尽全力教好这些孩子。

中式学校的老师有自己的一间办公室，还有两间教室：一间是数学教室，另一间是科学实验室（图1-3-4：我的科学实验室一角）。中文课分成两个班：小班在数学教室上，大班在科学实验室上。我的实验室，正是我第一次试拍时用过的教室。它又窄又长，水龙头和煤气管道都固定在教室两侧的实验台上，中间是一排排的小课桌。记得当时试拍时我就不很喜欢这间教室，因为与其他实验室的布局相比，这间很不适宜做科学实验。而物理、化学和生物课是牵涉到学生自己动手做实验的。学生一做实验，50来号人全都涌向两边的实验台，让我联想到国内火车站春运购票的场景。大家挤成一团，争抢实验用品，有潜在的安全隐患；再加上中间摆了50个小课桌，挤得满满的，学生活动受到限制，更加危险。同时我眼睛不好，站在讲台前甚至看不清最后一排学生的脸，而那个个子高高的，经常爱搞小动作的乔舒亚，就坐在最后一排。

图1-3-4：我的科学实验室一角

我们中国教师，使用传统的中式方法讲课，即"教师主导"的教学方法：老师站在课堂前面，解释讲解；学生坐在下面听讲，记笔记。因为我有英国教书经验，我再三叮咛自己：千万不要忘记我的中国老师身份。

实验室的天花板上安装了两排摄像头，从前到后，与长长的、从天花板上垂直降下的两排话筒平行排列。房间四周还安装了一圈摄像头，有时课堂安静时，可以听到镜头旋转的声音。一开始学生进了教室，还盯着镜头看，或对着话筒喊话。可新鲜劲儿一过，就不再有人搭理这事了。

每天的课都安排得满满的，再加上教学生广播体操、眼保健操和辅导晚自习，一天下来还是很累的。英国学生的学习态度与国内情况有所不同，控制课堂纪律是教师能力的体现。所以懂得自己的教学专业和业务，只达到了做一个好教师的标准的一半；如果没有能力控制纪律，无法将自己的知识和技能传授给学生，那也不能被认为是个好教师。英国学生在教室里有时会喧哗声比较大，甚至会推倒桌子、凳子等；自己丢下的垃圾，也不愿捡起。有些女学生上课不带书本文具，书包里化妆品、手机却一样不少，上课只知道化妆或听音乐，有时唱起歌来声音越来越大，还不听教师劝阻，影响全班同学正常学习。

我有个招数对付这种情况。我知道正面交锋是达不到目的的，于是乎我就放松情绪，公开夸奖起来："你的嗓音真好听，不如给大家来一段。"这招通常很灵，唱歌的马上就不唱了。我纳闷，因为这跟中国学生对比明显。中国学生通常是不显山，不露水；平时温文尔雅，不引人注意，可一到上台表演的关键时刻，突然才艺惊人，令人刮目相看。

每次上课，总看到学生乔舒亚端着一杯茶慢悠悠地走进教室。他个子很高，又坐在最后一排，端着茶走在细长的实验室里，是很显眼的。我对他的行为感到非常奇怪，因为我知道，在英国学校，实验室里是不允许吃喝的，而这项规则，每个学生在进校的第一堂科学课中，就学习过了。"他是在试探我的当地知识，还是不拿中式学校当回事？"我问自己。 批评了他，他也认了错，没收了茶杯，这事也就算过去了。

有一天，学生正在安安静静地答题，乔舒亚突然离开座位去拿纸巾。大家停下作业，目光集中在他身上。我也一样，睁大眼睛盯着他看。只见他走到教室前，拿了厚厚的一叠卫生纸，回到了他的座位。我心里纳闷："为什么要这么多纸？"继续观察着。只见他将纸铺到地上，不小的面积啊！旁边的同学在相互小声嬉笑。我走了过去，才发现他将茶倒在了地上。"不是说下不为例了嘛？"我一边说，一边顺手将放在课桌上的茶杯收走。"杯子是热的！空空的杯子居然还是热的！"我吃惊极了。"乔舒亚，你到底是如何获得的开水？这茶是新沏的啊！你在哪里沏的？"我在英国也算是有丰富经验的教师了，可碰到这事，还真是第一次。乔舒亚不说实话，问其他同学，也都说不知道。"大家都不说，我只有打电话联系家长了。"我坚决地说。

原来乔舒亚从家里带来了一个烧水壶，每天上早自习时在另一间教室里烧水喝。在英国，校园里有专供学生饮水的水龙头，烧开水是没有的事。而且学生还是未成年人，如果烧水烫伤了谁，学校要负责的。也许是文化上的不同，两位国内来的老师一开始同意了在教室烧开水的请求，才有了乔舒亚每天在他们教室烧水沏茶的事，可这事我全然不知！最后在家长的参与下，上课喝茶的行为才最终制止了。

每天早上都要升国旗，奏国歌，然后做广播体操。升旗仪式可真是艰难，学生从没有学过走正步，所以训练学生正步，也就是二十来米的距离到旗杆底下，就真的能把老师累死。他们不会齐步走，四个人的步伐总不一致，走着走着，国旗就不是展开的了。而且有个学生一走正步就顺撇，左手和左脚同时迈出，真还不如国内的小学生呐！

升旗就更麻烦了。光将旗帜与绳子固定好就老半天，之后又在国歌演奏一半时旗子就到顶了，不会掌握升旗速度。其他学生，在此时本应该双脚并拢立正，目视前方，却发现他们站没站相，叽叽喳喳，嬉笑打闹，一点严肃认真的态度都没有。我猜想："也许是因为这会儿正在升中国国旗吧？等一会儿升英国国旗时，就会好的。"令我吃惊的是，这帮熊孩子还是在嬉笑，腿站不直，眼不正视前方，和刚才没一点区别。"哎呀，他们怎么这样？"我问自己。知道英国讲究个性，提倡个人主义，鼓励独立思维等，但中国的集体主义精神，步调一致，一切行动听指挥的精神，才是取得胜利的保障啊！在国内几十年，从来不知孤独寂寞为何物；而现在，我会经常有这种感觉。一直以为原因在于想家，或者是自己思想成熟了，但现在才意识到其根源在这里：英国更注重个性发展，不太讲究集体主义，所以自己没有归属感啊！

化学课讲到化学反应速度章节时，要求学生做实验测量不同浓度的溶液对化学反应速度的影响。不同浓度的盐酸放在两边的实验台上，一大堆学生同时涌向实验台用量筒量取盐酸，拥挤不堪，感觉非常危险。我当时忘了自己中国教师的角色，立即叫学生将六个小课桌组合在一起，分成许多小组。学生围成一圈做实验，不挤不争，活动空间变大了，我也好管理了。下课后我突然意识到：我是一个中国老师，来自中国。我应该使用传统的中式教学方法，即老师在黑板上写，学生在底下听，记笔记的那种才是呀。

课桌还原到了以前的位子。我站在讲台前，好像离教室最后一排很远很远。索菲，那个上课爱讲话的女生，不喜欢用钢笔记笔记，却更喜欢用眉笔勾眼线。上生物课，讲到光合作用，她居然积极回答起问题来，而且答案正确，带动了旁边的同学。我高兴极了，顺势延伸话题，讲起了碳循环，并在黑板上作图，注释等，写了满满一黑板，只是担心最后一排同学看不清。

下课了，感觉很好：全班同学用心学习，就连索菲都专心致志，用心将碳循环的整个过程详细地记录下来。美滋滋地，我走出了教室，休息调整一下自己。站在外面呼吸着新鲜空气，我看到摄制组的一个小伙儿急匆匆地跑进了我的实验室。不知道他在忙啥，也没多理会。上课铃响了，我重新回到了实验室，继续讲解起来。这时，索菲和最后一排的几个同学问："杨老师，那是什么？"我问："什么？"索菲手指着黑板说："那个东西。"我开始四处张望，上下左右寻找，这才发现我的黑板右上方不知什么时候突然固定上了一个摄像镜头，好像是吸上去的。镜头正好射向黑板，直盯在我的板书上。"哎呀，我的字写得这么丑，全被拍下来了！千万不敢有拼写错误啊！"我担心地想。

有一天我上物理课，讲光的折射定律。我做演示实验，学生围坐一团聆听我的讲解，并观察、测量光的折射角度，计算折射率。为了能让学生看清入射光和折射光的走向，我关上了教室里的灯。就在此时，摄制组的那个年轻小伙突然跑了进来，要求我打开教室里的灯。我说："如果教室太亮，学生是看不到光束折射的路线的。"他说："但教室太黑，镜头拍不着学生的脸。"我无语。是讲课重要，还是拍片子重要？也许对他来说拍片子更重要；但对我来说，讲解知识要点才最重要，因为我们的学生在一个月后是要考试的，要和博航特英国老师所教的学生一同考试比赛的，我必须教会他们，不能让中式学校失败呀！

课堂纪律是个问题。首先学生穿校服就没有样子：拉链不拉，敞着前胸；裤子要么卷得高高的，露着小腿；要么卷在袜子里，看上去像个灯笼裤。这种衣装不整的行为，在我以前工作过的学校也会碰到，但我们学校制度非常严格，学生会自觉自律。我以前就职的学校是个女子中学，学生经常将裙子腰部卷上去好几圈，裙子就变得短短的，上了膝盖，成了迷你裙。全校教师，无论在校园的哪一个角落，也无论是谁，包括校长，只要看到这种情形就要制止，当即纠正。所以学生会很小心注意，检点行为规范。而现在在博航特中学的中式学校，个别学生衣冠不整，敞胸露怀，无视校规。我不断努力地纠正着衣装不整的行为，但我不在的时候，就又还原了乱七八糟的情况。一天，博航特的一位老师突然闯进了我们中国学校教师的办公室，对我们抱怨起来："请严厉管理你们学校学生的着装！他们毕竟也是博航特的学生，这样衣冠不整走在校园里，给我校其他学生造成了不良影响。"是啊，学生衣着不整，不是小事啊！可以看出我们的纪律越来越是个问题了。

良好的师生关系，是保障教育质量的前提。学生只有尊敬你，信任你，才会听你的，才能保证良好的课堂纪律，从而提高教学质量。但要想赢得学生的尊敬，教师的教学能力、组织能力、敬业精神都是必要条件。英国学生有主见，而且善于公开阐述自己的观点，一点也不害羞。与老师争论一个话题，并持有反对意见，是经常的事。所以老师一定要尊重他们的看法，并且抱着相互学习的态度，谦虚谨慎。而不能因为是老师说的，就一定是对的。记得当年我在接受教师培训之时，我的导师经常教导我要做到Firm but Fair（严厉但公正），只有这样，才能让学生心服口服。但现在学生纪律失控了，如果再这样下去，中式学校不仅会输，而且会输得很惨的。国内来的老师，初来乍到，人生地不熟，真的输了，也情有可原。而我却不一样啊！我是一名在英国训练出来的教师，拥有当地一线教学经验。我输了，不太好交代呀！我越想越怕……

为了尽快扭转局面，赢得学生的信任和尊敬，我们几个老师商量决定立即召开家长会，争取家长的理解和支持。

在英国开家长会，是一对一进行的。每个老师都有一张表格，上面清清楚楚地记载着学生的名字和家长的会面时间。每个学生家长只有5分钟的时间与任课教师交谈，然后就去见另一门课的任课教师，同样是5分钟。而我们老师呐，一个接一个地接待学生家长。学生的考试成绩单、作业完成情况、课堂表现等，都在厚厚的文件夹中记载着，用来展示给家长看。从下午5点一直到晚上9点，整整一晚上，说个不停，等回到家时，已经累瘫了。

BBC中式学校的家长会，是中式的。家长集体坐在一起，老师在前面讲话。可能不会顾及到每一个个体学生，但是更注重整体。这个正好，正适合当前学校的情况。中式学校要想成功，离不开家长的配合和支持，所谓团结起来，才能得胜利嘛！可是要想赢得家长的支持，并不容易。许多家长本来对中式教育就抱有怀疑的态度，再加上文化的隔阂，我们如何打破僵局呢？

站在如此多的家长面前，我顿时感到了肩上的责任重大。他们当中许多都是知识渊博的高级知识分子、专业技术骨干和企业老板，比我见多识广，我可千万不能班门弄斧啊！看着他们的面容，有的怀疑，有的质问，有的不以为然，但更多的，是对中式学校的期望。"不能让家长对我们中式教育失去信任啊！"我对自己说。这一瞬间，我原先准备好的段子全都乱套了，一时不知从何讲起。停顿了一下，我安慰自己：还是做真正的自己吧，有啥说啥，真诚相待！深呼了一口气，我开始了我的演讲：

"感谢各位家长对中式学校的信任，把您的孩子送到我们这里，接受为期一个月的中式教育，同时担当了风险，冒着孩子可能会落后其他同学一个月课程的风险。作为一个中国老师，我感到责任重大。说明你们信任中式教育，也说明各位在不同程度上对英式教育有失所望，从而来这里寻找答案。

"我没有答案，只有疑惑。想当年我在大学接受教师培训时，第一次教授听了我的课后，虽然我自我感觉不错，可没想到得到的评分却是一塌糊涂，各项要求均不合格。坐在回家的火车上默默地流泪，感觉一败涂地，特别艰难。我的路，是一条充满失败的路，但也是一条永不放弃的路。

"中国人有句老话：失败是成功之母；书山有路勤为径，学海无涯苦作舟。第一次没学懂，再来一次。坚持不懈，持之以恒，才能成功。我希望把这些中国传统传授给孩子们，让他们更有耐力，不轻易放弃。目前我们学校纪律失控，可能与学生缺乏耐力有关。小小一点困难就放弃，开小差，难以进步。考试的日子不远了，希望得到各位家长的支持和配合，鼓励孩子遵守纪律，用心听讲，认真对待每一堂课。

"国际经济一体化，打破了国家之间的界限，增强了国家之间的相互依赖，人员流动性增大，工作竞争也从以前的国内竞争发展到今天的国际竞争。在座的孩子将来的竞争对象，不仅仅是英国本土的，还有来自亚洲的和世界各地的。所以要培养孩子拥有国际视野，拥有多元文化和坚持不懈的奋斗精神。"

　　说到这里，家长鼓起掌来，而且掌声热烈。我受宠若惊，深深地鞠了一躬。之后家长提出了很多问题，大家讨论积极，交流互动频繁，气氛热烈。在家长会结束后，我却不知何故，心潮澎湃，思绪万千。家长的鼓励，让我看到了希望：这不是我个人的挣扎，我有家长的支持。一时非常感动，一人躲到自己的实验室里哭了起来……

　　第二天一早上课，感觉班里的气氛明显不一样。同学们态度特别积极，还有不少同学告诉我，家长都在相互议论我的讲话，说特别受感动和振奋。调皮的学生也不再顽皮了，对我有一种尊重，我从他们的眼神里、说话态度上，明显地感觉到了这一点。刚下第一堂课，导演就出现在我的实验室里，对我说："军，你昨晚的讲话在家长中引起共鸣，反响很大，你认为是为什么？"我说："真的吗？谢谢你这样讲，我听了这个反馈很高兴。我只不过讲了一点我自己的真心话而已。"导演又对我说："军，你的贡献太大了，过去我担心你教书太英式，现在感觉因为有你，这节目才有了精彩。希望你今后挑起中式学校这个担子，大胆展现你拥有中英两国教学经验的能力和才华。"我非常感谢摄制组对我工作的认可，也终于找回了自己，找回了符合自己实际情况的定位。多少年来，我一直在努力改变着自己，以适应工作环境和争取被他人接受。为了这个，我要在工作中使用别人的语言、别人的文化和思维方式。今天，我终于可以做自己了——一个具有中英两国文化特色的个体。我终于找回了自己！从此，我可以放开手脚，大干一场了。自从还原了自我后，就不再别扭了；做真实的自己，真自然，真带劲！但我最关心的，还是如何抓紧剩余的时间，好好教书，完成教学计划，达到教学目标。

为了巩固师生之间建立起来的良好关系，进一步加强相互了解和尊重，我们几位老师设计了一系列具有中国文化元素的活动，包括包饺子，学习中国剪纸和扇子舞等，以丰富学生校园生活，缓解过长作息时间给学生所带来的压力。

中国功夫扇，学生特别喜欢，学习积极性也很高。但教50人同时表演他们从来没有接触过的东西，难度不一般。首先，很多人不会开扇，特别是男生。他们总是向反方向甩扇，所以扇子总卡着，开不开。其次，功夫扇一甩，声音特别大。我在讲解动作要领时，总有人时不时地开扇，把我讲解的话语压了下去。多谢博航特体育老师不懈的支持和帮助，才有效地控制住了学生随意甩扇的行为，使大家能够在有限的时间内学习完整套技术动作。与此同时，同学们还学习了《精忠报国》歌词的含义，领略了中国音乐的力量和感染力。由于当时是冬天，天气寒冷，我因为训练需要经常换衣服，再加上在大厅里教50人一同跳扇子舞用嗓子的强度大，我一下病倒了，嗓子哑得说不出一句话来。

这扇子舞，在最后的结业典礼上，作为汇报演出节目，展现给了全校师生。那天晚上的结业典礼，除了博航特的校长、老师以外，台下挤满了骄傲的爸爸妈妈、爷爷奶奶、兄弟姐妹们。台上学生身穿中式缎子小马甲，女生头发用大红色绸子高高扎起，并插一双彩色筷子，非常漂亮。他们手拿功夫扇，在铿锵有力的音乐伴奏下，为家长和教师们表演了中国功夫扇。其余的学生，坐在舞台两边和前方，跟着音乐，有节奏地做着开扇和关扇的简单动作。我在台下指挥着，以确保大家开扇和关扇的动作一致。因为眼睛一直盯着台下的同学，没有机会看几眼台上的表演，直到现在还感到挺遗憾的。

四周的学习很快就接近尾声了。当考试成绩即将揭晓的那一刻，我感到非常紧张。考试题我们老师谁都没见过，严格保密。同时，我们任课教师也不能参加试卷的批改工作，谁也不知道考试结果。博航特校长手里拿着装有考试成绩的密封信封走上讲台，他当众开封，宣布中式学校的成绩。"数学：中式学校67.7，英式学校54.8；中文：中式学校46.4，英式学校36.4。"大家都非常高兴和激动。我感到压力越来越大，坐在台上手捂着头，心怦怦跳，心慌意乱。我屏息凝神，感觉自己肩负着祖国教育的一份责任。

大厅里坐满了人，气氛紧张而活跃。台下坐着我的五十名学生，还有他们的父母、祖父母、兄弟姊妹和他们的英国老师们。中式教育方式僵硬死板，不与时俱进，是英国人的普遍印象；而中式教育方法在绝大部分英国学校中也是不太受欢迎的。在这种大环境下，我能否为中式教育加分？虽然我在心里说"行"，可大脑却问："可能吗？"

我做好了最坏的心理准备。自己告诫自己："至少我尽力了！我对得起自己的良心，对得起我的祖国！所以无论什么结果，我都可以接受，我心中没有遗憾。"

"科学：中式学校58.3，英式学校50.0"，博航特校长宣布。我好像感觉没听清楚，不敢相信自己的耳朵。但台下孩子们的反应，让我清醒过来。中式学校赢了！而且全科全胜！我激动不已，向学生扔出飞吻来。是的，我为他们骄傲！我们的学生成功地接受和适应了中国式的教学方法，包括长时间的作息时间表和严厉的纪律要求。他们的成绩向大家证明，以教师为中心的教学风格也是一种有效的方法。他们也让我坚信，年轻人的适应能力是非常强的。

图1-3-6：学生送的水杯

道别的那一天，大家都很激动。孩子们太可爱了，真是依依不舍。索菲哭了，她哭得很伤心；莎莱特为我们中国老师亲手烤制了香甜的蛋糕，还给我们一人一个茶杯，杯上用中文写着"谢谢"（图1-3-6：学生送的水杯）。其他同学的感谢卡、礼物，送了一大堆。而记忆最深的，是乔舒亚给我的礼物，非常幽默：一盒精致的英国茶和一个水杯。卡上写着：Miss Yang, the debate continues ...（杨老师，关于茶的辩论还在继续……）

第四节:
我对BBC纪录片拍摄经历的思考

其实要想让英国学校真正认可和接受中式教育并不是一件容易的事。在"学生主导"和"教师主导"两种教育方式中,博航特校长似乎已经有了自己的主观看法,事先已经形成了固有的偏见和结论。在这种情况下,我们中国老师是要打一场硬仗的。同时,我们中国教师在纪律管理上遇到的问题和挑战是非常艰巨的。

在博航特校长来到中国教师的办公室交谈时,就中式学校纪律管理中所出现的问题,与我们几位老师交换了意见。在对话中,我们讨论了中国学生和英国学生在纪律和对教师态度上的不同。在问到中国学生主动接受老师权威观点的原因时,他问到这是不是因为中国学生从小就conditioned(习惯了的)的原因。我认为,尊重知识、尊重具有知识的长辈,是植根于中国传统文化的精髓。尊重学校规章制度、遵守课堂纪律不是因为所谓的"习惯了"，而是我们社会传统道德的一部分。我认为我们班上的个别学生需要认真反思一下他们在课堂上的态度和行为；因为他们的课堂表现不仅会影响教师正常的教学进度和质量，同时也会影响其他同学的学习环境和学习质量。

事实上，学生上课捣蛋，无视课堂纪律也与校长的态度有极大关系。有时会发现，校长治理纪律的重点不是放在学生身上，而是放在教师身上：观察监督教师的授课情况，认为教学方法枯燥无聊是学生捣蛋的主要原因。结果是：学生上课捣乱不承担后果，学校没有严格的惩罚制度；学生不尊重任课教师；导致学生缺乏责任心，教师缺乏自信心。相反，教师可能变成了被责备的对象；他们小心谨慎，甚至讨好捣乱学生。经常会发现有些老师自购巧克力、小蛋糕等，储存在自己的柜子里，用来奖励上课表现好的学生。如果某教师因为纪律问题经常报告校长，在某种意义上说明此人的管理能力有限。长此以往，会招来校长或高管级别领导对自己工作的严格监督，降低在学生中的威信，而且给自己加大精神压力，增强不安情绪。所以，我认为校长的这种态度，在某种意义是鼓励助长了课堂纪律差的状况。

在我的教学生涯中，也亲眼看到条件交换式的纪律管理方式。老师对调皮的学生说："如果你做×××，就可以得到×××奖励。"虽然可以获得暂时的课堂纪律管理效果，但不长久。因为学生从内心深处没有认识到自己的错误，而只是为了得到老师奖励的物质。同时也助长了学生自私自利的性格，因为越调皮，越受到老师的关注。

很多国人非常崇尚英国教育，希望将自己的孩子培养成有英国绅士风度的优秀人才。这部片子的播出，展现出英国教育是分层次的，多元化的。而这方面的情形是鲜为人知的。所以节目中所表现出的学习态度和课堂纪律问题，令国人震惊。

在教育越来越市场化的今天，教育已成为商品，学生是消费者，每个学校都在竞争学生。学生的学费是私立学校生存的源泉；学生的数目是公立学校从政府部门获得拨款的主要依据。所以学生是学校的收入，是市场化教育体系中的客户。而教师是学校的支出，所以便宜能干又能吃苦的教师，备受学校青睐。特别是年轻教师，虽然经验少，但精力旺盛，吃苦耐劳。21世纪的英国教师，已经失去了过去传统的教书育人、国家公务员的优越身份，也不再是清高的知识分子，而成为工业化教育体系中的劳动者，大型运作机器中的一个螺丝钉。事实上，教师已从白领演变成蓝领，从脑力劳动者演变为脑力体力综合劳动者。教师的职业不再是终身制的"铁饭碗"，特别是中介公司的临时代课教师，其工作条件更是没有保障。在这个大环境下，课堂纪律出了问题，更容易受到责备的是老师，而不是学生。所以我认为，今天的英国教师，在一定程度上，失去了管理纪律的权威性，同时自信心受到了伤害和打击，这种情形助长了课堂纪律散漫的现象。

说到这里，我必须简单介绍一下作为一个中介公司的教师，与学校直接雇佣的教师相比，有什么不同。

学校直接雇佣的老师，通常与学校签的是长期合同（一年以上），或永久合同。他们拿年薪、退休金，待遇不错，同时在职业发展和升迁的机会上，优势很大。

而中介公司的临时代课教师，情况有所不同。这种教师，在英国叫Supply Teachers，在美国叫Substitute Teachers，他们都是在教师公司注册的教师。英国有许多教师中介公司，他们和各个中小学建立起良好的工作关系，如果学校教师生病，或其他原因请假，课没人上，学校就联系中介公司，派Supply Teachers来校临时代课。有时老师只有1-2天的工作量，有时会是一周。如果学校教师短缺，该临时代课教师又比较有能力，学校会雇佣一学期，甚至更长。中介机构的好处是短平快，学校当天需要临时代课教师，校长一个电话打过去，中介机构马上就能派教师来，解决燃眉之急；同时学校还节省很多雇佣开支。

Supply Teachers也是持有教师资格证的专业老师，他们当中有刚毕业拿到教师资格证的年轻教师，也有拥有多年教龄的老教师。老教师中，有的是退休后在中介公司注册的，干点临时工发挥余热或补贴家用；有的是因为其他原因在中介公司注册的中年教师。并不是每个刚毕业、拿到教师资格证的年轻教师都可以马上找到雇佣单位的，聘用情况因教师所教授的专业不同而不同，也因个人情况不同而不同。拿不到工作的年轻教师，很多也选择去中介公司注册，以增加找到工作的几率。

做Supply Teachers的好处是：不用参加繁多的学

校会议，不为写学生操行评语、开家长会、批改作业等事务烦扰，上完课放学就可以回家，晚上没有备课、追踪学生进步记录等工作，对于有孩子和其他家庭负担的教师来说比较适合。不好的地方是：工作不稳定，收入也就不稳定。干一天，拿一天的薪水，学校放假，就没有了收入。而且学校需要时，有活干，不需要时，就在家待着等，希望第二天能接到中介公司的电话去上班。天天早上早早起来准备好，坐在家里盼望电话铃响的滋味不好受。Supply Teachers没有事业发展提高的机会，对希望在事业上有长足发展的教师，特别是刚拿到教师资格证的年轻人来说，不利因素更多些。就学校而言，他们毕竟是临时工。他们真正的雇佣单位是中介公司，不是学校。所以工作的学校会经常变换，有时一天换一个学校，没有机会在职业发展上做规划，很难在同事和学生中建立威信，得到应有的尊重。升迁的可能性就更是微乎其微了。

Supply Teachers按天计算报酬，具体到教师身上，因为资历不同，教学科目不同，或教师中介不同，每天的薪水也不尽相同，但在一个基本区间内上下浮动。与学校直接雇佣的教师不同的是，Supply Teachers没有任何福利，生病没工资；最可怕的是，学校一放假，他们也就没了收入，要等到开学才可以。所以Supply Teachers最怕放假，而英国学校的假期频率却比中国学校高很多。

学校经常雇佣Supply Teachers，对学生的学习影响也很大，因为教学质量不好保证。特别是纪律，容易出问题。学生更希望稳定的学习环境，稳定的教师队伍。教师更换太勤会直接影响学生的学习态度和学习效果。所以判断一个学校好坏的因素中，重要的一条就是看学校的教师队伍是否稳定。

我在英国一所文法学校工作，是该校直接雇佣的教师，签的是永久合同。如果有病不能上班，一定要将Cover Work留下，Supply Teachers才好根据我的指示内容，顶替我的课时。记得我带学生去中国姊妹学校访问两周，在走之前需要留下两周的Cover Work，花了我很长的时间和精力才写完，并交代给学校里的相关负责人。回来之后许多功课还要检查，并追踪学习效果，设计补课方案，批改作业等，特别费劲。所以包括我自己在内的许多任课教师，宁可带病上课，也不请假，留Cover Work。

在我长期的教师生涯中，也有做Supply Teachers的经历。很多教师由于各种原因找不到工作，但又迫于生计，也在教育公司注册，做临时教师。但也有自己主动选择这种雇佣方式的，尤其是退休教师，发挥点余热，还是很好的选择。那时的我，经常是早上凌晨会接到电话，告诉我学校的位置。赶快准备好，老公就立即开车送我去学校上班。因为每天的学校都不一样，所以不熟悉当地环境根本不好找到地址。早上堵车，没有老公，我根本无法按时到学校。这种职位，没有安全保证，有时忙，有时闲，不仅收入不确定，职业发展更是谈不上。

有记者问："在纪录片里，你们说的话是不是BBC写好了的台词，让你们念出来的？"我对此张口结舌，无言以对。记得当初BBC在国内海选时，要求除了能用英语讲专业课且有丰富的工作经验外，还有一个最重要的要求，那就是：要有自己对教育的独特见解，要有自己的思想。我个人在当时也是经历了严格的考核和数小时的问题讨论才被选定的，而问题涉及面非常广泛：从中英两国教育，到经济、政治、文化等多个领域，问题涵盖内容既广又深。由于我本人刚好在英国攻读了教育比较学硕士，研究方向正好是中英基础教育方法之比较，所以阅读过大量国内外发表的相关文章和专著，积累了一定的理论知识，并形成了自己的一套独特见解；再加上我在英国十年的教学工作经验，我的认识相对来说是既有理论佐证，又有实践经验支持的。这样我才有幸签约作为科学老师出现在屏幕上。

大家所看到的，都是真实再现，没有人刻意将镜头放在心上。既然是纪录片，就是真实再现，绝不是演戏，更没有台词。我作为一名老师，备课、上课是我的职责和本能，一走进教室，就只想讲课的事情，全然忘了镜头的存在，学生也是如此。由于镜头埋在天花板上，根本没有人扛着镜头在一旁晃荡，一两天新鲜劲儿一过，就没人在意镜头的存在了。我本人更是如此，只想一心教好书，上好课，与学生尽快建立友好关系，以利于良好的教学效果。而每一个老师在屏幕上讲的话，都是他们自己的心得，根本不存在导演设计台词一事。要真是如此，就不会选我了，年轻漂亮的老师不是更好看吗？所以 BBC 的纪录片虽然像喜剧，但一点都没有夸张。

　　中国公众对英国学生在纪录片中所表现出的学习态度和课堂纪律感到十分震惊，表示难以置信。有人甚至认为这是英国广播公司创作出的真人秀。这个纪录片给我国广大观众展现了英国教育不为人知的一面，让他们开始全面立体地认识英国的教育，而伊顿公学、剑桥和牛津只是英国精英教育的代表。

第二章

我的英国教师生涯

第一节：
我的PGCE之路

　　每当有人得知我在英国的职业是中学老师时，通常自然而然的问题便是："是教中文吧？"当我回答是科学老师时，人们都不禁露出惊讶而又佩服的表情："用英语给英国文法学校的学生教化学、物理和生物课？不简单呀！"其实我自己也是非常骄傲的，因为我走了一条不同寻常的人生之路，其中的艰辛只有我自己最清楚，但十年来的收获也同样丰盛（图2-1-1：我的日记）。

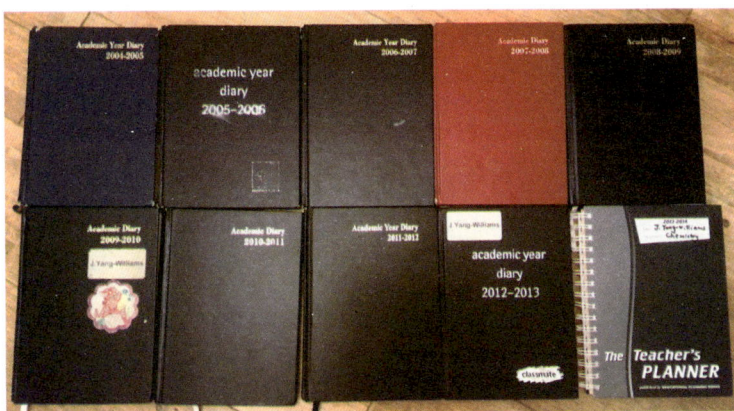

图2-1-1：我的日记

但是，刚开始在英国决定当老师的原因却非常幼稚和简单：英国学校每天上课时间短，假期多，小班上课，还有就是教师职位很稳定，再加上经常听到年轻学生将"对不起""谢谢""请"等词语挂在嘴上，感觉他们很有礼貌。所以就选择了这一行，而且一干就是十几年。

那时出国的中国留学生，和今天的留学生在经济上和政治上相比较，条件差得很远。不像今天的中国留学生，不用打工，不用担心生计，有的学生甚至在大学附近购买了住房、高级汽车，得空还去欧洲和世界其他国家旅游、购物等。我那个年代的留学生，即使是国内优秀的高级知识分子和访问学者，到了英国也是要从零开始，从社会最底层一点点做起。

"在英国也要活出个人样儿来，绝不能降低事业上的发展标准。"刚到英国的那一天，我对自己这样说。可是90年代末的英国，讲普通话的中国人是少数，广东话我既讲不了，也听不懂，想在华人圈找个周末零工支持生计都不容易；同时心里还惦记着托付给父母、仍在西安生活的只有5岁的女儿。

"什么？你想当教师？你会活生生地被吞了！"我的一个英国朋友对我说。她那铿锵有力、粗壮低沉的声音，具有英国教师特有的坚定和权威，一听就知道是个有经验的教师，而且是个严格的、有威力的教师。事实上，她就是一名英语教师，而且是英国一所重点中学英语部的主任！

"不会吧？"我问自己。经常在大街上看到放学的英国中学生，一群一群地步行回家，身上的校服特别漂亮，不像中国校服那样，松松垮垮的没个样子。每个孩子都特别有礼貌，"请""对不起""谢谢"经常挂在嘴边，让人听了耳目一新。"他们这么有礼貌，怎么可能生吃了我？也太夸张了吧！"我想。再说，英国学校假期长，学生学习看上去都很轻松；身上背着的书包在我眼里根本就不是上学用的，特别时髦和昂贵；再加上小班上课，每个班级学生人数不到30，是中国学校人数的一半；而且听人说，教师职业在英国是终身职业，砸不烂的"铁饭碗"，所以我认为当老师应该是很轻松理想的职业吧！尽管我有这些错觉，同时对英国文化，特别是英国青少年心理和他们的流行文化一无所知，但对当教师这个选择却毫不动摇，满怀信心。"我在中国就干这个，我也一定要在英国重操旧业，当一名受人尊敬的教师，"我这样对自己说。

在英国当教师，无论学历多高，都必须要拿到教师资格证才可以上岗，也就是说要获得合格教师资格（Qualified Teacher Status，QTS）。QTS分两年拿到：第一年，在大学攻读教育学研究生学位（Post Graduate Certificate in Education，PGCE）；第二年，在中学执教，叫做新合格上岗教师（Newly Qualified Teacher，NQT），通过执教学校校长的严格考核，通过各项指标并由学校上报通过后，方可拿到教师资格证。私立学校在课程设计和教学大纲上不需要严格遵循国家要求；在雇佣教师方面也拥有自主权，不需要一定雇佣拥有教师资格证的老师，所以属于例外。近些年来，由于教育改革，许多公校校长也有权利雇佣没有教师资格证的大学毕业生，尤其是名校的优秀毕业生。他们可以在岗接受培训，聘用的主动权掌握在校长身上。

当时虽然自己是国内师范院校毕业的大学生，但按那时的规定，必须经历英国严格的教师培训，方可在英国主流学校上岗。特别是公办学校，这是必要条件。我那时没有人帮我辅导面试技巧和注意事项，全靠自己拼。多亏我胆子大，不怕失败，并不断在失败中总结经验，自我提高。当然，也出了不少的洋相。在经历了好几次PGCE面试失败后，在2001年，我终于拿到了萨里大学（University of Surrey）的PGCE入学通知书，开始了为期一年的艰苦培训旅程。那时英国各个大学的PGCE课程，还没有设立教中文这门专业，所以我不能选择当中文教师。在其他众多科目选择中，我选择了科学（Science），因为自己是生物化学出身的。可是与国内不同的是，一门科学学科，居然是三门学科的混合物，其中包括了物理、化学和生物。这对我一个中国人来说，无论是在语言上，还是在文化上，包括教学方法上，都是很大的挑战。因此在拿到录取通知书的那一刻，就预感到自己将来的路不会平坦。

9月份开学报到的时候，班上的同学一共只有二十来个人，除了我一个中国人外，其他人都是英语为母语的当地学生。他们开会发言踊跃，表现得格外自信，也很快结为朋友，出出进进都在一起。只有我一人通常是独来独往，有问题不敢问，因为感觉自己英语不够好，问问题首先要在脑子里组织英文句子，考虑语法，所以经

常是坐在角落里听得多，说得少。课程安排是：一年分
3个学期，大概3个月一个学期，其中理论课占25%，实
践课占75%。理论课主要是以论文的形式评估考核，每
学期完成一篇论文，一共3篇论文，每篇5,000字左右。
第一篇是关于国家教学大纲（National Curriculum）
的，即对英国国家教学大纲（科学）的认识和看法的；第
二篇是关于课堂管理策略（Classroom management
strategy）的讨论，即关于如何管理课堂纪律，采用什么
策略和方法，如何处理学生情绪上的问题和如何对待有
特殊需要的残疾学生的论文；第三篇是关于考试和评估
（Assessment for Learning）的文章，即对国家考试
委员会的命题测试的分析，如何充分利用课堂小测验、学
校期中和期末考试等测试方法评估反射教师的教学效果，
如何采取相应手段改进和提高。

除了写论文，每周还有75%的正常课时量。一个全
职（full-time）教师每周的课时量是25小时，平均每天5
小时的课时。这样计算，25的75%是18.75，即每周我
要教18节课，其中包括初中的物理、化学和生物，以及
高中的化学，所以课头很多。这对我们这些没有经验的学
生教师来说，教学任务是非常重的。尤其是我，英语又不
是母语，科学课的专业单词也特别多，有的字我念出来都
没人听得懂；再加上解释科学原理的语言能力非常有限，
所以我每天花在备课上的时间比别人长很多。

去学校实习的路途也很远。第一学期所分配的中学
还算好，坐火车半小时就到伦敦中心了；再换乘地铁将

近50分钟，就到了。学校离地铁站不远，出了地铁站，走路大约5分钟就到了。这样的来回旅途我走了3个月。到了第二学期和第三学期，安排的两个学校，路途就更远了，要做三趟车，包括火车、地铁和公交车，一趟就是两小时，每天来回四小时都花在路上。到了圣诞节时，班上已经有将近三分之一的同学退学了，压力太大了！

要说退学，我应该是第一个，也是最有理由的一个。因为我除了要承受同样的压力外，还要克服语言和文化上的困难和障碍。除了每天四小时的睡觉时间外，其他时间都是奔波在路上，以及备课、上课和写论文上。特别是到了冬天，早上6点离开家赶火车去上班，晚上7点多才回到家，两头不见天日，天黑着去，天黑着回。虽然学校下午3:30就放学了，但我还是有很多事情要做，例如复印第二天的上课材料，到我的导师那里听取她对我讲课的反馈意见，跟实验员预定下堂课的仪器设备和实验用品，参加学校年级组或部门会议等。当我准备回家的时候，天已经黑了，特别是在秋冬季节。晚上回到家随便吃点东西就又坐下来读书备课，准备明天的工作了……

现在回想起来都害怕，不知自己当时哪里来的那么大的劲儿。也有打退堂鼓的时候，每当此时，就告诫自己：机会只有一次，如果我放弃退学了，我在英国当教师的梦也就自然放弃了。这个PGCE offer来之不易呀！正因为如此，我经常这样鼓励自己：

有志者，事竟成，破釜沉舟，百二秦关终属楚；
苦心人，天不负，卧薪尝胆，三千越甲可吞吴。

由于自己是在国内接受的教育，所以在教学方法上与英式完全不同，而且不好改掉，好像自己身上固有的东西一样。现在还清楚地记得我第一次被听课的情形。当时课表中排的是一堂9年级的生物课，讲的是动物分类学。我心想："怎么这么倒霉，被选了生物课！"生物学的专业单词特别多，单词也特别长，许多是从拉丁语衍生出来的，所以我一记不住，二发音不准确，这是我的致命弱点。听同事的一节高中生物课，虽然内容自己都很熟，但那肾的结构和功能，什么"肾小盂""肾小囊"的专业单词让我昏天黑地。

我花了很长的时间仔细准备了这节课，学生似乎也听得很认真，按照我的指示记笔记，写作业。下课后，我对自己的表现还是感到比较满意的，乐悠悠地等待着与导师开会的时间，听取反馈意见。高兴地坐下来，脸上红润润的，心里美滋滋的。

"你认为这节课讲得怎么样？"她问。

"还算不错吧！"我说。

"你跟学生根本没有一点儿互动！你站在讲台上，好像钉子钉进去了一样，整节课就没挪位子。你只顾讲自己的，学生听懂了没有你知道吗？你及时提问测试了吗？"她反问。

我张口结舌，根本招架不住。那节课的结论是：教学方法枯燥无聊，与学生脱节无互动。根据评判标准，各项评估项目全都以不及格而告终。

哭着坐上了回家的火车，一路流泪，眼泪将脸上的妆洗得一干二净，只留下两个黑眼圈，好像大熊猫一样。慢慢地哭困了，睡着在车厢里。突然醒来，却发现自己又坐过站了……这种事情当时是经常发生的，几乎每天都是画好了妆上班，大熊猫黑眼圈回家。

给爸爸打电话诉苦，爸爸和往常一样，耐心而静静地听着。过了两周，收到一封来自国内的信，是爸爸写的。我爸写得一手好字，就连信封上的英语字母，都抄得铿锵有力，一看就是我爸的风格。虽然像以往一样，爸爸写了注意身体和关心我的话，但其中的一行字让我至今无法忘怀："家有三斗粮，不当娃娃王。"

"什么？这是我爸的话吗？不管多么困难，爸爸从来都是鼓励我的呀！这话是什么意思？要我放弃吗？这不像是我爸说的话呀？"我反复问着自己，内心感到非常吃惊。现在明白了，我爸是心疼我呀！当时我看完信之后决心反而更大了，一定要坚持到底，就是胜利。我是我爸的女儿，杨家女将！再难我也不放弃，除非我最后成绩不及格，被淘汰，反正我是决不会自我放弃的。

第二次听课的日子快到了，我仔细研究着备课教案，心里念念不忘上次的反馈意见。"一定不可以钉在讲台上！一定要有互动！"我对自己说。

上课铃响了，学生走进了教室，随之而来的是那位女老师，进门后径直走向了教室的最后一排，坐在一个金红色头发的男生旁边，严肃认真、一声不吭地打开文件夹，戴上眼镜，做好了又一次听课评估的准备。那是一堂8年级的化学课，是关于温度对盐的溶解度影响的课题。我以演示实验的手法引入话题，首先将5个烧杯放在实验桌上，称量了相同质量的氯化钠，小心地倒进烧杯里，然后用量筒量取相同体积但不同温度的水，分别倒进这5个烧杯中，搅拌观察溶解程度。由于坐在最后一排的学生抱怨看不清楚溶解情况，我就用手托起烧杯，试图高高举在空中。不想杯子太烫，我差点脱手扔掉，回头赶快找块防热板托上，却一时没看到；顺手抓起一本很厚的黑色硬皮装订书，将热烧杯放在了上面，手指已经烫得通红，心想万幸没扔在地上。抬头刚准备提问学生，却听到那个红头发的男生从教室最后一排大声喊道："老师，那是圣经！"

这次评估的结果读者可以想象……而且像这样丢人现眼的事儿我做得多了。文化上的差异，语言上的障碍，脸皮不厚都活不下去。管理学生纪律，也是对我个人耐心和自尊心的极大挑战。由于我当时英语语言表达能力有限，越生气说出来的英语口音越发浓重，句子组织框架中国化，结结巴巴，学生听不懂，却显得滑稽可笑，变成了喜剧。有的学生拿我搞笑，我还意识不到，总上钩，引得全班同学哄堂大笑。慢慢地我也开始明白了：坚决不能生气，生气就是上当！所以也学会了自嘲，自己给自己找台阶下。

平日里我经常留心学习英国同事处理同类问题的方式方法，感到他们讲话用书面语言，分量重，学生一下子就被震住了，没人敢捣蛋。我听在耳边，记在心里，希望下次自己再遇到同样情况时，可以用同样的语言说话、处理问题。可是事与愿违，每次到了节骨眼，还是说不出那种语言和语气。我就是我，装不了别人，只能争取做最好的自己，寻找自己的解决方法和适合自己的道路。

与学生课堂互动，开放式命题讨论，对我来说也是一个极大的挑战。我从前习惯了标准答案和说教式的教学方法，而开放式命题，意味着学生的答案无论是"同意"还是"不同意"，无论是"Yes"还是"No"，都是正确答案。也就是说，答案本身没有错对之分，只有如何解释自己的选择，才是评判的内容和标准。在这种情况下，学生的讨论发言会是多种多样的。年轻人的思想没有固定框架，所以有些回答出来的原因和解释会是成人通常想不到的，再加上文化上的差异，没有自信的教师是组织不了开放式命题讨论的。我也是赶鸭子上架，不得已。有些时候学生提出来的想法我自己都无法理解，听不懂，更谈不上引导学生深入发挥了，所以是洋相百出。这里体现出的中英文化差异以及隔辈的时代差异表现得尤为突出。要想当个好老师，不仅要向同事学习，还要虚心向学生学习。所以在英国教书，是双向交流：我教学生科学知识，学生教我英国文化。

慢慢地，我开始学会以学生为中心的、互动形式的英式教学方法了，并建立起自己的威信。上课经常进行小组讨论，利用开放式命题，培养学生发现问题、解决问题的能力，使学生在动手过程中学习巩固理论知识，同时培养学生的批判性思维能力和团队合作精神，使他们的想法得以交流和实现，增强其自信心，并在学习过程中实现其自我价值。

2002年，根据英国对教师的测试培训标准（Standards for the Award of Qualified Teacher Status），经过一年紧张而严格的考核，我建立并汇集了大量一线教学档案材料证据，来证明自己：①深入广泛地认识和掌握了国家教学大纲的要领和要求（A broad understanding of the National Curriculum requirements）；②具有实际教学技能（Practical classroom teaching skills）；③具有控制教室纪律的技能（Classroom management skills）。同时还要通过英国对新入职教师在数学计算（Numeracy）、读写能力（Literacy）和计算机知识（ICT）的三项考试。那年，我终于克服重重困难，顺利通过了各项考核，如愿以偿地拿到了PGCE毕业证书。

虽然拿到毕业证书，但这只是万里长征走完了第一步，今后的教师生涯，路途漫长而又曲折，根本不像我所想象的那样："时间长了，课备过一遍之后，有了经验，就会轻松了。"相反，每年都有新挑战，每年都很不容易。

根据规定，拿到PGCE毕业证书后，还必须在中学找到一份全职工作并教书一年，在职接受学校的严格专业考核。校长或系主任指派专人监督我的日常教学质量，根据国家教育部标准考核打分。这叫做"入职年"（Induction Year）。只有顺利通过了"入职年"的各项要求标准，才算是真正毕业，最终拿到英国教育部颁发的教师资格证。

要想通过"入职年"的在职培训，第一步是先要找到一个教书的工作岗位。有的同学因为自己的教学科目比较偏，固定工作不好找，这种情况可以干临时工，一个学期一个学期地积累教学业绩，攒够"入职年"一学年的教学任务和业绩评估。但这个途径理论上说得通，实际操作起来比较艰辛，通常在一年中是完成不了的，因为找到可以接收自己的新学校需要时间，而且不是每个学校都刚好有专人负责获得新资格的教师（NQT）的教学学科的。如果没人监督管理，就没有平时的考核记录，也就不可能完成"入职年"的各项要求指标。

现在英国各大学基本上都开设了PGCE中文专业，也就是说有了培养中文教师的专业。我认识的一个中国女孩就读了这个专业，她当时读得早一些。PGCE毕业后却因为当时英国中学开设中文课的学校不多而找不到工作。当时国家规定在拿到PGCE证书后的三年之内必须完成"入职年"的各项考核。听说她因为没有在规定年限内完成在职培训，最终还是没有拿到教师资格证，放弃了在英国公立中学教书的念头。现在不同了，国家强大了，开中文课的学校也越来越多了，中文课的开设也从私立学校发展到公立学校。教育部还给予额外拨款，鼓励各个学校开设中文课。

前面提到，近几年国家教育政策也放松了许多。除了私校以外，公办学校也可以雇用没有教师资格证的人员了，校长有这方面的自主权。所以许多优秀的大学毕业生，尤其是名牌大学毕业的高材生，特别受到校长的青睐。因为他们在广大中学生面前有榜样作用；再加上他们知识新，有活力和创造力，薪水待遇又相对便宜，所以备受欢迎。

我那时候，要求还是比较死板的：如果"入职年"的在职培训通过不了，就拿不到教师资格证，那么PGCE也就等于白辛苦了。没有教师证书，是不能上岗的，尤其是在公办学校。所以，完成"入职年"非常重要。

记得那天我去面试，穿得整整齐齐，激动不已！因为是去做NQT，接受"入职年"这一年的新挑战，非常重要。老公开车送我提前来到学校，对我说："Good luck！"这是位于伦敦南部的一所学院（Academy），也是英国当时创立最早的一所学院学校。后来英国前首相托尼·布莱尔专程来我校剪彩并讲话时，我才刚刚加入该校工作，有幸身临其境聆听首相的演讲，我感到很振奋。该校的前身是当地政府资助的一所综合学校（Comprehensive School），学生男女混合。它是从综合学校最早转型称为学院的学校，目的是为了贯彻教育平等和提高教学质量的方针。

那天我走进学校接待室，内心忐忑不安。当我被领进会议室时，发现已经坐着不少人了。我找了个拐角坐下，打开书包假装忙着什么。一个又一个的人走了进来，居然一共来了12个，而且个个看上去都很厉害！"又没希望了"，我对自己说。就当是一次经验吧！反正失败是我的家常便饭，已经没什么新鲜的了。

先是听校长介绍学校，然后参观校园和各个系的教室、实验室、活动室等，中午午餐过后，大家坐在会议室，讨论起个人的教育理念和观点。看着每个竞争对手讲话时都是那么自信，发言那么踊跃，我好自卑，感到自己非常不足，低着头不太说话。自己的英语没有人家地道，讲话有口音，还是十二分之一的成功几率，肯定没希望。记得有个老一点的求职者，男的，有些银发。他发言不断，滔滔不绝，看上去经验非常丰富。我哪里是他的对手！

回家老公问我什么情况，我回答："没情况。"这事也就不再提了，接着填写新表格申请下一份工作吧！没过两天，电话来了，说是我通过了第一关的面试，要我准备一堂七年级的化学课，20分钟时间长度，下周再来学校试讲。我开始琢磨了，天天都在考虑讲什么，如何讲。"一定要以学生为中心，启发学生，让他们主动学习，自己帮助自己。"我告诫自己。希望我的课既有知识要领，又风趣有味。

第二次面试那天，再没有看见那个经验丰富的男老师，而剩下的6个人，除了我自己，各个看上去都是英雄好汉。大家多少都有点紧张，彼此交流不多，坐在那里等待着自己讲课的时刻。我前面的老师，是个年轻的英国小伙儿，很英俊。

"你准备讲什么？"我问。

"碱金属和水的反应。"他回答。

"这个话题不错，再加上演示实验，生动有趣，学生会喜欢的。"我说。看来自己的对手厉害呀！坐在那里，心里的压力更大了。过了一会儿，那个年轻的男老师讲课去了。我坐在那里等，心里越来越慌……

终于他回来了。"课进行得怎么样？"我急忙问。

"钠金属在油里存放的时间太长了，外面裹着厚厚的一层油。我切了一小块放进水中，居然没有动静。"他沮丧地接着说，"演示实验失败了"。

我就知道面试时做演示实验是有风险的。因为事前没有和实验员面对面交流，也没有自己先试验一下的机会，所以非常容易出差错。正因为如此，我的课是利用给学生玩卡片（图2-1-2a和图2-1-2b：游戏卡片）这个游戏，学习几个重要的化学方程式。这种设计无实验室安全隐患，同时可以降低因为自己紧张而出差错的几率。我自己用彩色硬纸制作了许多卡片，让学生自己搭配，目标是组合出五个化学反应方程式。学生在此项活动中，学习了什么是反应物，什么是生成物；如何书写化学反应方程式，并学到四个实例。同时，时间也把握得特别好，20分钟很紧凑，不浪费时间，学生学习积极性很高。

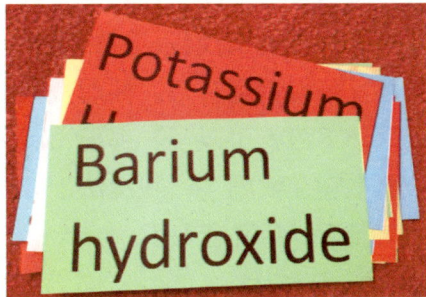

图2-1-2a 游戏卡片

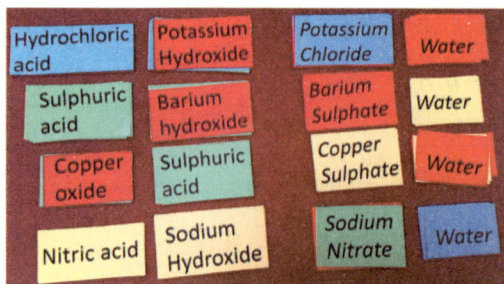

图2-1-2b 游戏卡片

我居然是那个十二分之一，我自己都不敢相信。闯三关，斩六将，我居然赢了！我打败了十一个英国佬，拿到了这个位子，可以开始我的"入职年"了。我高兴极了，奇迹又一次发生了。

新学校是一所位于伦敦南部的普通中学，男女混合学校。学生的家庭经济背景参差不齐，纪律很难管。学生上课吵吵闹闹，乱哄哄的；有的学生直接将实验眼镜从二楼的窗户上扔下楼去，搞得实验员向我抱怨。我感到非常不好意思，自己管不了学生，管不好纪律，感到很羞愧。

学校有个教工程设计（Design and Technology）的男老师，从前是当过兵，浑身是劲儿，非常威严。他对我说："班上学生捣乱就来找我。"由于教室都是玻璃墙隔开的，所以相互可以看到对方。要想找人帮忙，不用离开教室，只要打个手势就可以了。那天，我真的是遇到挑战了。有两个男生实在太闹了，我没法上课。隔着玻璃墙做手势，那个老师不一会就进来了。

他一进来，全班就静了下来。记得他穿着白衬衣，扎着蓝领带，推门进来，宽宽的胸膛挺得直直的，十分英俊。他径直走到了那两个男生的位子旁，右手攥着拳头磕着桌子，左手开始卷袖子，坚定地说："谁敢在杨老师课堂上捣乱，谁就跟我有麻烦。"袖子挽起，看上去好威严。那两个男生再也不敢调皮捣蛋了。

校长对我很器重，很快将我作为重点培养对象，送去波兰参加国际会议，并进修学习IB课程。回来后，我就挑起了高中阶段的IB教学工作。并在副校长的严格要求下，克服了一个又一个语言和文化上的障碍，积累了厚厚的一整套实际证据文案。我用事实说话，在以下几个方面考核达标，证明自己达到了国家教育部要求的水准：① 专业知识方面（Subject knowledge and understanding）；② 备课，教学效果和课堂纪律控制方面（Planning, teaching and classroom management）；③ 跟踪，测试，记录，报告和对自己教学效果担负责任方面（Monitoring, assessment, recording, reporting and accountability）。自此，我顺利完成了Induction Year的教学任务和要求，实现了自己的理想，成功地拿到了英国教师资格证，成为一名合格的科学老师。那是2003年的事了……

第二节:

我的QTS生涯

　　2004年9月，作为一个合格的科学教师，我走进了英国肯特郡的一所文法学校（Grammar School），开始了我漫长的教学生涯。这是一所公立女子学校，学生都是通过11+考试，获得优异成绩而被选进来的，大多来自英国中产阶级家庭。她们非常聪明，对自己要求也高，这就对教师的要求更高。第一次走进教室，站在全班学生面前，我感到压力和恐慌，也看到学生对我质疑的眼光，仿佛在问："你是谁？从哪里来？你教书水平可以吗？你有能力教授我拿到化学考试GCSE和A-Level的A/A*的成绩吗？"每一双眼睛都这样盯着我，有一种被人评判打分的感觉。

　　那时的英国主流学校，尤其是公办学校，很少有开中文课的，所以学校没有中国教师，学生对中国的了解也非常少。有的班里会有一两个中国学生，但通常也只是讲广东话的香港人后代。她们出生在英国，没有人会讲普通话。

每天一大早上班，先是十分钟的全体教师简短会议，他们叫做Morning Briefing，在会议厅召开，由校长主持。教师们有的刚将车停到学校的停车场，便急匆匆地往会议厅赶；有的教师为了避免上班高峰时间堵车，便早早到校，坐在自己的实验室或办公室备课、改作业，到了开会时间也往会议厅走。大家手里拿着笔记本，个个疾走如风。在这种环境中，我也渐渐变成了飞毛腿，养成了快步走路的习惯。

会议厅里摆放着两圈沙发，靠墙还有一大圈木头椅子。室内拐角有一个高大的柜子，切割成许多小信箱，英国人称作Pigeonhole，上面写着每个老师的名字，按字母顺序排列。大家每天早上开会，第一件事就是去查看自己的信箱。越是领导，小信箱里的纸张文件就越多，要处理的事务也就越多。在英国，职位高意味着责任大，教学之外的事务很多，压力很大。说真的，我可一点也不羡慕当官的。

会议简短，干练，有实际意义。先是校长组织会议，宣布当天的一些具体事宜和其他各部门负责人还有任课老师的一些通知。比如：外语部有来自法国姊妹学校的交换生插班上课，请其他学科的任课老师注意，允许他们进入课堂；或科学学科请来"科学博物馆"（Science

Museum）的专业人员来我校给七年级的全体学生搞活动（Workshop），下午七年级的正常课时暂停，各科任课教师带学生去大礼堂集合；或 xxx 学生身体有问题，请各科任课教师在课堂上给予关心支持，暂时不要在完成家庭作业上过于要求，等等。大多通知都集中在学生身上，而且每天早上都有当天的内容，追踪到人，让人感觉学生是我们的服务重点，而且每一个学生都很重要。"每个孩子都很重要"（Every Child Matters）的政策落在了实处。

Morning Briefing结束后，班主任就快速奔向自己的班级所在地了。在每天早上的点名注册结束后，便是传达当天事宜（通常是Pigeonhole里的文件）、处理家长信件、查阅学生日记等事宜（图2-2-1：学生日记）。学生日记是老师和家长交流联系的纽带，学生的家庭作业记录在上面，是否完成家庭作业，学生自己打钩，培养其自我管理能力。家长和班主任一周检查一次，相互沟通并签字，有问题及时发现并解决，从不堆积。检查学生校服、发型是否符合学校要求，也是班主任早上点名后的一部分工作。如果有学生发型不符合要求，例如染发颜色特殊，发型怪异，是要打电话通知家长送回家的。我的课桌里还存有指甲油清洗液和棉花，如看到学生指甲染色太鲜艳，按照要求也必须擦掉。

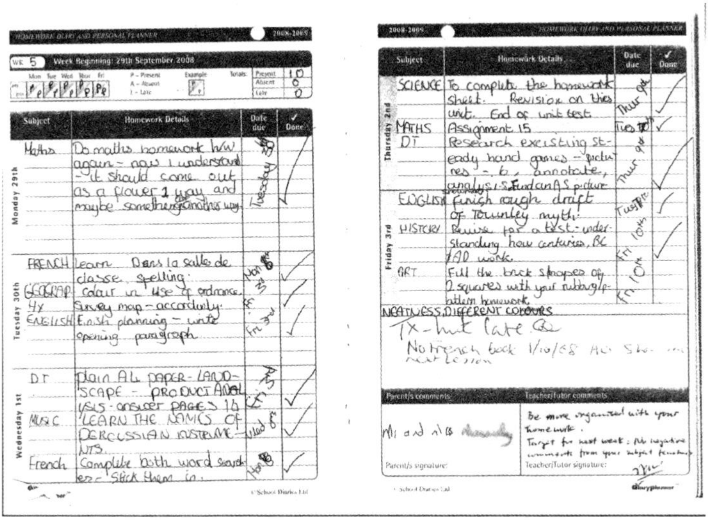

图 2-2-1：学生日记

　　每个周一的上午时间尤为紧张，因为这些事情要在 10 分钟内做完，然后带学生排队去大礼堂开全校大会（Assembly）。从我的实验室（也是我作为班主任的班级基地）到学校大礼堂，有一段距离，因为它们不在一个教学楼。学生排队去大厅，排单行队，不得说话，校服规范，非常重要。尤其是要见校长，每个班的纪律表现都是班主任能力的反映，所以我也特别在意。大会由校长主持，每周一个主题。陪同校长坐在主席台的通常有副校长和五名学生会主席（Head Girls）。

　　大会通常不超过 30 分钟，主题突出，非常安静。结束后学生排队按顺序将自己坐过的椅子依次靠墙堆摞起来，整整齐齐，大厅立即宽敞起来，便于当天教学时使用。英国学校通常没有一间房屋是闲置浪费的。大礼堂会被重复使用，例如用来上戏剧课（Drama），排练小品等；中午学生也会在这里一圈圈地围坐在地上吃三明治午餐、休息。大厅的地板是木制的，坐在上面一点也不感觉冰冷。这时还有教师轮流值班，监护学生秩序和安全。中午休息结束后，学生自动将自己的垃圾随身带走，大礼堂干干净净，以便下午其他课程使用。

话说回来，我监督自己班上的学生将椅子放好后，就快速奔向我的实验室上课去了。英国教师的正常工作量是每周25课时，每个课时1小时，平均每天5小时的上课时间（表2-2-1：我的课表），再加上班主任工作、课外小组活动、年级组会议、教研室会议等，一天下来对体力的要求还是很大的，根本不是下午 3:30 放学就完事那么简单。

表2-2-1：我的课表

Timetable – Mrs J Yang–Williams as at 19/07/2012

	MonB	TueB	WedB	ThuB	FriB
REG	11Rg/Rg7	11Rg/Rg7	11Rg/Rg7	11Rg/Rg7	11Rg/Rg7
1	9Sa/Sc1 Hut 45	10Sb/Sc3 S10		82/Sc S10	11Sa/Sc1 S9
2	9Sa/Sc1 Hut 45	10Sb/Sc3 S10		82/Sc S10	11Sa/Sc1 S9
3	87/Sc Hut 45	9Sb/Sc2 S10	84/Sc Hut 46	9Sa/Sc5 S10	
4	87/Sc Hut 45	9Sb/Sc2 S10		9Sa/Sc5 S10	
5	11Sb/Sc2 Hut 45	84/Sc S10	11Sa/Sc4 Hut 46	10Sa/Sc1 S10	9Sb/Sc1 S10
6	11Sb/Sc2 Hut 45	84/Sc S10	11Sa/Sc4 Hut 46	10Sa/Sc1 S10	9Sb/Sc1 S10

070

周二上午也比较忙，先是年级组大会，再就是素质教育课，即"个人，社会，健康和经济教育"（Personal, Social, Health and Economic Education，简称 PSHE）课。我是班主任（Form Tutor），这个课得要我上。该课程安排在每周二早上第一堂课之前，30分钟（见表2-2-2：作息时间表）。PSHE课程相当于国内的素质教育课，教授内容由专人设计，每周提前按时发送到各个教师的Pigeonhole里面。该课程覆盖三个范畴：健康和幸福（Health and wellbeing）、关系（Relationships）和在广阔世界中生活（Living in the wider world），涉及的内容相当广泛，其中包括：

- 酗酒，抽烟和毒品
- 身心健康；欺凌
- 公民权利
- 职业规划
- 个人理财
- 家庭关系
- 性教育图

表2-2-2：作息时间表

	MONDAY, WEDNESDAY, THURSDAY, FRIDAY	
BELL TIMES	8:35	Form Room
	8:45	Registration and Assembly
	9:10	Lesson 1
	10:00	Lesson 2
	10:50	**BREAK**
	11:07	Warning Bell

	11:10	Lesson 3
	12:00	Lesson 4
	12:50	**LUNCH**
	1:55	Lesson 5
	2:45	Lesson 6
	3:35	**SCHOOL CLOSES**

		TUESDAY
BELL TIMES	8:35	Form Room
	8:45	Registration and Assembly
	9:00	Personal Development Lesson
	9:30	Lesson 1
	10:15	Lesson 2
	11:00	**BREAK**
	11:17	Warning Bell
	11:20	Lesson 3
	12:05	Lesson 4
	12:50	**LUNCH**
	1:55	Lesson 5
	2:45	Lesson 6
	3:35	**SCHOOL CLOSES**

周三到周五，既不开全校大会，也不上PSHE。这段时间，作为班主任，我就充分利用起来：处理家长来信，查阅学生日记以及其他琐碎杂事。学生则安静地读书，读书的内容不限，书籍都是校图书馆提供的，校长要求每人书包里必须始终装有一本小说，坚持天天阅读的习惯。有的孩子读小说特别专心，速度也特别快，读完了再更换另

一本。校图书馆特别繁忙，每天都有不同科目的教师预定场地，带学生去那里上课。我自己也会因讲课内容的不同，预定图书馆，带学生去那里查资料，找数据，整理论据，就指定议题写书面报告等。

英国学生的课堂纪律和对老师的态度，对入行初期的我是个不小的冲击和挑战。我那个年代，有谁敢跟老师顶嘴？无法想象的事！尊敬师长，团结同学，爱护公共财物，互相关心，互相帮助，才是我们所受的教育。看到有些英国学生上课吵吵嚷嚷，没有遵守课堂纪律的概念，我很不理解。当班主任，还要组织全班同学投票选举班干部。本以为开个全班大会就搞定的事，没想到却变得非常困难：居然没人愿意当班长（Form Captain），更别说各科的学习委员了（他们叫 Subject Reps，是 Subject Representatives的简称）。记得当年我在学校时，当班长是非常光荣的事，胳膊上戴个三道杠的牌子，白底红杠，可骄傲着呢！那是全班无记名投票选出来的，竞争非常激烈，不简单的。现在可好，我早上班级会议时间有限，班干部结果要在我上第一节课前交给年级组长（Head of Year），居然发现全班同学坐在那没有激情，一副无所谓的样子，急得我全身冒汗，从要求学生到祈求学生，我和学生的关系发生着微妙的变化。最后的妥协结果是：三个学生轮流当班长，一人一学期，才算搞定。

有一天上课，坐在后排的一个女生突然站起来，大声哭着跑出了教室。我莫名其妙，不知何故，急忙询问坐在一旁的同学，这才得知她是因为家长不同意周末给她办生日聚会（Birthday Party）而哭着跑了的。我赶快派人将她找回来安慰，并与她进行了课后私下交流。虽然这件事处理过去了，但还是有些吃惊和不解：一来课堂上没有专心学习，讨论生日聚会，时间场合都不合适；二来为什么这么任性？一个生日聚会有多了不起？家长不举办一定有自己的原因，孩子怎么如此不体谅人？我慢慢地观察着，了解学习着英国青少年的心理发展动态，揣摩着管理课堂纪律的最好办法。

在英国做教师必须是多面手，即每人要可以带两种以上的课程，才容易被雇用。例如一个外语教师，必须会教法语和德语才更容易被雇用；教英语（English Literature）的老师有的同时也教戏剧课（Drama）或古典文明（Classical Civilisation），将莎士比亚文学作品部分章节作为题材排练成话剧节目等。这是学校节省开支的一种办法。我也一样，被多次反复使用。例如第一节课是7年级生物课（Biology），第二节课是9年级物理课（Physics），第三节课是12年级化学课（Chemistry）等，课间休息只有5分钟时间，以便学生更换教室。有时会发现自己头一堂课的学生还没有下课离开实验室，下一堂课的学生已经在外面排队等着进来了。所以课头很多，教师一定要有非常好的自我组织能力才不会乱成一团。

说到这里，让我联想起一个经历。有天，我看到附近一所学校的广告：招募一名中文教师。虽然自己不是教中文的，但毕竟中文是母语，自己从前也给当地社区的华人孩子教过汉语，有一定经验。最主要原因是感到太孤独，太想家，所以想用教中文的方式找个地方说母语，一解思乡之情。填好了申请表格，寄了出去。面试那天，一共来了六个人，五个女的，全是中国人；还有一个男的，英国人，讲中文，说是在中国学了一年。校长接待了我们，他一开始对我们说的一段话，我今天还记忆犹新："今天来的六个候选人，都是赢家，因为你们是从60多份申请表中选出来的。所以不要因为最后只有一人取得这个职位，而认为自己不够优秀。大家都很优秀。"

记得那天的面试程序很多，其中还包括一堂试讲课，面试时间很长，一直到了很晚才回家。忧心忡忡地等待学校的电话，祈祷自己成功。"我毕竟是个科学教师，而且来之不易，所以不应该因为想家而改行。毕竟其他五人都是受过PGCE培训的专业中文教师啊！"我这样安慰自己。电话铃响了，对方礼貌地告诉我，感谢我对他们学校的兴趣和支持，但不幸的是，我没有拿到那个位子。后来吃惊地发现，拿到那个位子的竟是那个英国人！我们五个中国人全军覆没。理由是，我们只会教授一门外语（中文），而那个男生还会教授第二外语（法语）。

记得国内通常是学生以班级为单位，常驻固定教室；教师们来回走动，每天穿梭在不同年级和不同班级的教室里上课。在英国，教师通常驻扎在固定教室或实验室，学生来回走动。例如艺术课，老师的艺术教室就是一间创作室，里面有各种各样的艺术绘画用具供学生使用。而科学课，老师的教室则是实验室：物理实验室存放着各种各样的物理仪器，化学实验室堆满了各种药剂和玻璃器皿，生物实验室则是各种各样的生物标本和显微镜等，不比我在国内大学实验室工作时的装备差。科学老师上课，基本每堂课都有实验，要么是老师演示实验，要么是学生自己做科研调查。教师遵循国家教学大纲授课，但不盯着一本教科书讲解。实验室里堆放着不同出版社的教科书，老师根据教学内容选择教材，穿插使用。

教师重点培养的是学生的技巧和分析问题、解决问题的能力。所以全班讨论和小组讨论形式特别多，没有固定标准答案的问题特别多。我当时特别不习惯没有固定答案的开放式命题，因为自己多年来习惯了标准答案。这类题，答案没有错与对，如何解释和论证你的观点才是得分的主要方面。例如，有些开放式命题会涉及爱护动物、保护自然环境以及综合利用能源方面的讨论和辩论。久而久之，英国学生的人文生态意识和能力从小就培养起来了。他们自信，发言踊跃，不害怕出错。老师从来都是正面引导，不批评怪异的答案和想法。

我看到同事们在引导学生时，一边讨论，一边将学生的发言和想法写在黑板上，归纳、连结、作图、总结。等讨论结束了，结论也自然出来了。"他们好厉害啊！"我想。这种教学方式对教师的自信心和信息整合能力是一种极大的挑战。我当时最怕这个，一来自己心里没底儿，二来学生年轻，有的想法对我来说比较离奇；再加上许多俚语或口头禅等，我这个老外教师怎么听得懂！更糟糕的是，全班同学都明白，我却不明白，闹得笑话百出，丢人现眼，苦不堪言，脸皮不厚都活不下去。多亏我天生顽皮的性格和勇气，学会了自嘲，给自己找台阶下，才慢慢地赢得了学生的认可和尊敬；同时我自己也从学生那里学到了很多。所以说起来学生也是我的老师，我自己在课堂上与英国学生互动，不知不觉地学到了不少东西，对事务的看法更立体，更多维化了。我的感觉是：来英国后我思想认识成熟了许多，看问题更全面了，容忍和理解不同意见和声音的能力增强了。我想，这也许就是英国教育值得我们借鉴的地方吧！

英式教学方式比较灵活，具有针对性，对不同能力的学生制定的课堂目标也有所不同，他们称之为"分级教学"（Differentiation）。学校非常重视这方面，进一步体现出"每一个孩子都很重要"的政策，因此，因材施教就显得特别重要。对教师的要求是衡量每节课是否落实到以下方面：

- 所有学生在学术上都受到挑战了吗？
- 所有学生在本堂课中都有所进步吗？
- 班上学生程度不齐，有没有做到因材施教？

所以老师要了解班上每个孩子的学习特点。在备课时，要考虑到是否为最优秀的学生准备了附加题，增加难度和深度，挑战学生极限；中间部分的学生是否掌握了教学大纲的要求，课堂活动和练习题是否覆盖了重点和难点部分；学习有困难的或有"特殊需求"（Special needs）的学生，要设计有趣的游戏或有风味的练习题，使学生既学基本知识，又不感到枯燥无聊，失去兴趣（图2-2-2：填字游戏：可逆反应）。教师教学的目的是为了保证学生在每堂课上有所进步，而不是要求学生作业完美无缺，或只关心表扬学习优秀的学生，忽视其他更需要老师鼓励和帮助的孩子。对教师而言，重点放在自己是否给学生带来了"增值系数"（Value added），而不是一定要求学生得最高分。

在这个理念的指导下，教师要注意教学方法的趣味性。教师设计的教学方案不能只是照本宣科，课堂上要有许多互动和动手操作的活动，让孩子们在"玩中学，学中玩"，提高学生的自信心和在学校的开心指数。

Reversible Reactions

Across
1. Blue when hydrated
3. A process used to make ammonia
5. A charged particle
7. The colour of copper sulphate when it is anhydrous
8. When two chemicals interact
9. An element that has only one electron

Down
2. To be dehydrated
4. When a system is in balance
6. The ability to move back and forth in a chemical reaction

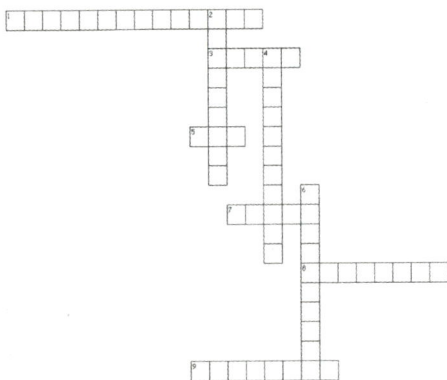

图2-2-2：填字游戏：可逆反应

教师对教学大纲要非常熟悉，而且对每年国家教委更新的部分一定要了解并吃透，并重点讲述，因为新加入的部分是国家根据各个行业的最新发展而制定出的内容，是和社会发展所需要的知识和人才及时挂钩的，很有可能是来年出题的部分之一。从前认为只要第一年辛苦一下，好好课备，只要讲过一遍了，今后上课就容易了的思想并不适用。对于每个教师而言，每年都有新变化，每年都是新挑战。

英国的科学课，经常会有许多大实验，培养的就是学生的科研能力和批判性思维能力。例如化学，就有许多Course work，也就是以科学实验为主题的课程。这类课通常需要几周完成，学生最终写出科研调查报告，好像我在国内读大学时的毕业论文一样。这类课首先抛出一个论题，然后学生根据自己已有的知识做出设计方案。我的实验课是这样安排的：

- 假设（Hypothesis）
- 设计实验（Design experiment）
- 识别变量：独立变量，依赖变量和受控变量（Identifying variables: independent variables, dependent variables and controlled variables）
- 试运行（Trial run）
- 预测（Prediction）
- 做表（Prepare results table）
- 实验操作（Carry out the experiment）
- 结果记录（Recording results）
- 结果处理：为什么重复操作实验？你应该重复多少次实验？（Processing results: Why did you repeat the experiment? How many times should you repeat the experiment?）
- 识别异常结果（Identifying anomalies）

- 作图（Draw graphs）
- 得出结论（Write conclusion）
- 总体评估（Evaluation）：该方法是否给出可靠的结果？有没有异常结果？结果是否精确？你的结论有没有局限性？如果你要重复调查，你会做出什么样的改进？

由于我在国内做过科研工作，所以我的实验动手能力还不错，上这种课我信心十足，游刃有余。而且我手脚麻利，控制一大群学生的纪律和实验室安全，并观察她们使用精密仪器、化学药剂的本领还是有的，学生也对我特别依赖。但英国特别注重实验室的"健康安全规则"（Health and Safety Rules），每个科学教师也要接受这方面的不间断培训，以便保证有能力处理实验室突发事件，保护学生的安全。经常会感到在英国当老师，特别是科学老师，既要有专业技能，又要有充沛的体力，对脑力和体力的要求都很高。

授课方式是"学生主导"式，即"以学生为中心"的活动探讨方式。这是英国的主流授课方法。虽然"以教师为中心"的教学方法也有使用，但不鼓励。大多数学校的校长还是认为"以学生为中心"的教学方法才是最有效的方法，所以任课教师在这方面并没有太多的选择余地。

每个教师的年终考核目标有3-4个，其中一个必定是学生的考试成绩，而且学生的成绩是与教师的年薪挂钩的，达标与否拿证据说话。教师中午休息时间不吃饭、不休息给学生补课，或者放弃周六休息补课的事，也就见多不怪了。有时看到别的老师自愿加大额外工作量，认真积极，会给其他同事造成无形的压力。所以同事之间的竞争也很激烈，不安和焦虑的情绪互相影响。

学生的进步情况是要及时跟踪的。如果哪一个学生的成绩与"预测成绩"（Predicted grade）不符，就要及时采取行动帮助。我们教师通常是用颜色标记进行跟踪，叫做"彩色编码跟踪系统"（Colour-coded tracking system），即：如果学生成绩高于预测成绩，是绿色，很好；如果学生成绩与预测成绩相当，是黄色，说明走在正确的轨道上；如果学生成绩低于预测成绩，标红色，那就要引起教师的高度重视，采取行动帮助学生进步。这个方法的好处是：学生不相互比较和竞争，而是和自己比，看自己是否有所进步。经常会看到教师放弃中午吃饭时间，在自己的教室给红色标记的学生单独辅导的现象。

我对自己千辛万苦拿到的QTS非常在意，因为来之不易，所以一心一意希望多多向同事们学习，做个好老师，让学校放心，让家长放心，并争取得到学生们的尊敬，让她们放心。为此我经常自愿放弃中午吃饭休息的时间，给学生补课。时间长了，我落下了胃病。一来我不习惯中午吃三明治、薯片和巧克力充饥，二来长期以来一整天只有时间吃晚餐那一顿饭。其实晚餐那一顿也没有保证，因为回家后太累了，自己没劲做饭。老公一看我倒在沙发上不起来，就开始自己做饭。他做的饭，好难吃，干巴巴的"鱼和薯条"（Fish and Chips），没有绿菜，没有味道，自己加点盐和醋就算完事，我看上一眼就饱了。

有个别学生即使自己成绩不够理想，也不愿意接受额外辅导。我班上有个学生，开学前的"预测成绩"

（Predicted grade）是A，可是上了六周的课后，成绩是个B，于是乎她就变成了我的重点辅导对象。我在她的学校日记本上记录了每周四放学后补课一小时的计划并让她拿回家给家长看，征得家长的允许并签字。第二天查看，得知家长签字同意了，我也就记录在自己的日记本上，提醒自己不要忘记。

那天是周四，下午放学后，学生一一离开了教室，我留下了那个女生，拿出资料准备给她做一对一辅导。她站在我面前，又像是哭又像是笑地对我说："老师，求求你就放过我吧！我的化学成绩是个B，我非常满意，我妈也很满意，为什么就是你不满意呐？我的理想是将来当个理发师，这个B对我来说就足够了呀！"

我无言以对，哭笑不得，心里默默地想："你满意，也不行呀！学校领导年终考评我的工作，知道了我的学生成绩低于预测成绩，我又没有采取任何行动补课帮助，我如何解释？"每年开学伊始，学校有关负责人都要给每个教师制定至少三项专业目标，其中一项是关于学生学习成绩的，它是用来衡量教师教学效果的直接证据，尤其是GCSE和A-level这种国家大考；另外两项目标因人而异，因系里的要求而异。年终考核教师的业务表现，达标与否是要用证据来说话的，所以教师平时的工作，要注意收集积累证据。除了备课、教书、改作业以外，跟踪记录学生进步、整理自己工作资料和收集证据等，占据了教师很大一部分的时间和精力。而且教师达标与否与教师工资水平挂钩，甚至与来年是否续签合同挂钩，导致教师工作压力加大，安全感降低，精神高度紧张，同时也打击了教师的自信心。这也是英国教师流失严重，教师短缺的原因之一。

英国教师承担的责任很多。我认为，教师课堂上每十分钟对学生进行一次测试评估的要求，将教师变成了讲台上的演员。同时，学校管理政策和教学活动频繁变化，常常导致教师和学生之间不必要的误解，造成不必要的混乱。教师缺乏稳定性和安全感，阻碍了学校秩序的维持和教学质量的提高。

最新数据显示[②]，2010年进入该行业的教师中，有近三分之一的人在五年之内已经离开教师行业。更加令人担忧的是，13%的新合格教师在第一年就放弃了自己的教师职业生涯。仅仅两年后，这个比例就上升到了18%，三年内离开了近四分之一（23%）。工作量大，时间长，压力大，无休止的改革，学生纪律和态度问题，加上国家资金削减问题是教师离职的重要原因。教师的满足感越来越低，致使许多教师把眼光投向海外。越来越多的英国教师去迪拜等亚洲国家和地区的私立中学教书，加重了英国教师流失现象。

由于教师严重短缺，许多学校只好依靠中介机构解决危机，聘用临时任课教师。这类教师，在英国被称之为Cover Teachers，在美国则被称之为 Substitute Teachers。与此同时，学校尽量优先占用自己教师仅有

---

② TES (24 Oct, 2016) "Nearly a third of new teachers leave the profession within five years, figures show"; Available at: https://www.tes.com/news/nearly-third-new-teachers-leave-profession-within-five-years-figures-show [Accessed on 19 April, 2018]

的休息时间顶替请假教师的课时，以节约开销。但因为教师每周25小时课时已经很满，占用仅有的每周5小时休息不合时宜，所以每周占用2小时是允许的，否则教师工会就要出面干预了。

听到国内开玩笑说："你的数学这么差，是不是体育老师教出来的？"在英国就真可能有这方面的原因。但通常请假的教师，是要提前给系主任发邮件，将自己当天要讲的内容和学生作业等具体细节罗列清楚的，这样临时任课教师才可以依据指示，按章办事。学生对此也习以为常了，一看到指示，立刻就明白自己的任务了。

平时和同事、学生、家长打交道，要想被英国人接受，站稳脚跟，就必须说话像他们，办事风格像他们，思维方式像他们。再加上工作紧张，压力大，没有时间社交，渐渐地我越来越脱离自己的中国群体，也没有讲中文的机会。上班在学校讲英文，下班回了家还是讲英文，唯一可以讲中文的是与我的女儿，我感到特别迷茫，仿佛失去了自我。

彷徨又迷惑，却没有时间多思考，繁忙的工作占去了我的时间。那时我最大的奢侈就是可以坐在那里什么都不想，安静地休息一会儿。事实是：即使坐在那里休息一会儿，脑子却也闲不下来，被各种各样永远也做不完的事缠绕着。国内许多人认为英国学校假期多，放学早，教师一定是个轻松的好职业，其实是不了解情况的误解。也正是这个认识误区，促使我当初选择了教书这一行业。

教师被认为是英国各行各业中压力最大的职业之一，

每天不仅要备课、讲课、改作业，还要处理许多繁杂的日常事务，包括纪律问题。学生刚放学，我就要打电话或写信给家长，跟踪当天的事宜。教师课堂上遇到捣乱的事件，如果对学生明确指出了这样做的后果，下课后就一定要记得跟踪兑现。例如说要与其家长反映情况，但下课后因为其他事情的干扰，一忙之下忘掉了，说到却做不到，在学生看来是说话不算数。后果是教师在学生中的威信降低，下次再遇到类似情况时，学生就不会再认真理会了，课堂纪律就更难管理了。所以我不管多忙，都要说到做到。

在英国是绝对不能体罚的，与学生肢体碰撞是绝对不可以的，不仅会丢工作，还会影响到将来的聘用问题，甚至吃官司。英国对未成年人的保护法是非常重视的。所以教师只能是鼓励，积极引导，寻求家长支持等，光训斥是没有意义的。所以有时教师是蛮可怜的，上面有学校领导的压力和对教学质量的考核，下面有学生的顽皮和教书的困难，教师的日子并不好过。

太想家了，便开始组织学生课外活动，与学生一起刻起了中国剪纸，跳起了扇子舞。虽然教学工作量已经很大，又是班主任，但与学生在一起，我特别快乐。孩子们好奇心强，可塑性强，学习新东西速度快；再加上与她们一起娱乐，创造了更多相互沟通了解的机会，建立起更加深刻的感情和信任，对我的课堂教学工作也是极大的帮助。孩子们更尊敬我了，课堂纪律更好维持了，教学效果也跟着提高了。

扇子舞在学生中特别受欢迎，那扇子一开一关，学生特别投入。这项课外活动一发而不可收，每周一次的活动，从下午放学后一小时增加到中午休息再一小时。学生不仅学习了中国扇子舞，还学习了中国交响乐《梁山伯与祝英台》所表达的爱情故事、《花木兰》替父从军保家卫国的感人故事（图2-2-3：扇子舞）。性格安静腼腆的孩子，便学起了中国剪纸（图2-2-4：中国剪纸）。她们不仅学习了这项中国民间艺术，同时还刻出了《红楼梦》中的人物形象，并自己上网查资料，学习了这部小说代表人物的姓名和个性特点等。她们还特别喜欢让我将她们的名字写成中文，我也以此作为奖励她们课堂良好表现的奖品。与她们在一起，我不再感到孤单，也不再那么想家了。慢慢地，我和学生们建立了很好的师生关系。她们不但喜欢我组织的有中国特色的课外小组活动，更喜欢上我的科学课了。

图2-2-3：扇子舞

图2-2-4：中国剪纸

此外，在校长的大力支持下，我又与国内一所中学建立了友好姊妹学校，每年都安排有互访活动，每次两周。中国学生在我校跟班上课，在"设计和技术系"（Design and Technology Department）老师的教授下，制作了自己设计的钥匙链；在"艺术系"（Art Department）与英国学生一道，设计制作了奥林匹克友谊雕塑；在"英语系"（English Department）老师的带领下，参观了英国巨石阵（Stonehenge），走进了英国威斯敏斯特（Westminster）议会大厦，亲眼目睹上议院和下议院的辩论，并学习了英国历史文化。同时，英国学生也访问中国，体验中式教育，登上了泰山，参观了孔子的故居，学习到了中国儒家传统文化。

说起登泰山，参观孔子庙，还有一段有趣的故事呐！当时接待我们的导游小姐人非常友善，但她的讲解我实在不敢恭维，没有什么知识点。耐心地听她讲完以后，我的英国老校长把学生聚拢在一起，讲解起孔夫子和儒家哲学来。我当时听了万分惭愧：自己讲不出自己的历史，老外都比我知道得多。我深知自己的不足，下决心一定要多读书，多学习，活到老，学到老。

我们学校是个女子学校，所以交换生全是女生。这些学生都是读A-Level的高中生，别看她们个子高，但毕竟还是孩子。第一周在中国，什么都新鲜，开心愉快；但到了第二周，就有人开始想家了，情绪上比较波动。一天中午我们吃中餐，一盘糖醋鲤鱼端上了桌。看到这香喷喷的鲤鱼，我垂涎欲滴，着急动筷子。就在这时，一个女生突然站起来，两眼泪水，向洗手间跑去。其他女生也一个跟着一个，离开了饭桌。我感到莫名其妙，也顾不上吃饭了，在洗手间找到她们问个究竟。原来，那鲤鱼是一条整鱼，眼睛瞪得大大地躺在盘子里等人宰割。孩子们在英国吃的鱼，通常只是没有刺的一块鱼肉，看不见鱼的整体。也许学生的动物保护意识太强了吧，一个一哭，另一个也开始哭，互相传染。

又有一次，我们的大巴开到了当地一个很大的自由市场。车子停稳，我跟学生讲了注意事项和集合时间后，就解散了大家，让她们自己去逛了。我很久没有到这种地方逛了，感到变化很大，很新鲜。我自小喜欢织毛衣，就买了点漂亮的毛线。毛线虽轻，但体积很大。提着大大的塑料袋，我走回大巴。

这时，校长和同学们都在车旁等我了。我一到车门口，几个女生就迫不及待地把头伸向我的大塑料袋，看我买了些啥。这时一个骑三轮车的小商贩从这里经过，看到我和一群英国学生叽叽咕咕地聊着我兜里的东西，他停了下来，坐在三轮车上观察着我们。过了一会儿，他突然问道："喂！这毛线你卖给她们多少钱一斤？"我听了不知所措，一个健步登上了大巴。我的学生了解了意思之后全都大笑起来，就连我的英国老校长也笑得前仰后合。

一路上总有陌生人问话，叫我"导游"，我这才意识到：虽然我的身份是英国教师，自己也习惯了这个角色，但在旁人的眼里，我永远都是中国人。有谁会把我这个中年妇女和我的外国职业挂上钩呐？我恍然大悟：我是谁？属于哪里？这些答案尽在其中。

经常听到许多国内家长和老师问：为什么英国中学放假时间长，学生作业少，学习轻松，教学质量却很高？与国内中学假期时间表相比，英国教育似乎有事半功倍的感觉，到底是什么原因？那么，英国学校假期真的就比中国长吗？如果长，长多少？

中国中学生每年寒暑假加上国庆节等国定假日，大约一共是12周，英国也为12周，假期总天数差别不大。那英国假期为什么会给人一种"长"的错觉呢？这是因为英国学校除了寒暑假外，还有一个复活节假，通常在四月份。这样一来，一年3个假期，表面上看自然就多了起来。但如果用心查一下英国任何一所中小学的网站，就会发现其学年作息时间表中的放假日期，加起来都在12周左右。

英国中学一年有3个学期，3个假期。通常圣诞节2周，复活节2周，暑假5周；加上3个学期的每学期中间还有一周的半假，一共3周半假，所以加起来是12周假期。虽然英国有许多Bank Holidays（银行假日），但由于大多数Bank Holidays与学校正常放假时间重叠而没有占到什么便宜。相反，中国的清明节、劳动节、端午节、中秋节、国庆节等法定节假日，并不与寒、暑假重叠（表2-2-3：中英假日时间表）。

表2-2-3：中英假日时间表

中国		英国	
		春季学期半假（Spring half term）	1周
		复活节（Easter holidays）	2周
		夏季学期半假（Summer half term）	1周
暑假（7-8月）	7周	暑假（Summer holidays）	5周
国庆节	1周	秋季学期半假（Autumn half term）	1周
寒假（1-2月）	4周	圣诞节（Christmas holidays）	2周
共计	12周	共计	12周

有人问，那英国学校上午8:30才上课，下午3:30就放学了，这比中国学校时间表可短多了。这点不假！但是，学校的课外活动通常是从下午放学以后开始的，包括合唱团、管弦乐队、莎士比亚戏剧、棒球、足球、数学、法语、西班牙语、摄影、服装设计表演等等，名目繁多。有些是学生必须参加的，有些是自愿的。我也利用自己的特长，提供了中国剪纸、扇子舞和中文对话三个俱乐部，所以每天下午都非常紧张。除此之外，每周一下午3:40是教研组会议，周三是年级组班主任会议，再加上不定期的教师在岗全校培训大会、家长会等，每天真正回到家已经是晚上了。

常年战斗在教学第一线，虽然辛苦，但也有回报。最大的回报就是学生的成功以及她们的成熟。每年都收到很多来自学生和家长的感谢卡，这些我都一直保留着，对我来说是比金钱更珍贵的礼物。看到孩子们学到了知识，拿到了优异的成绩，长大了，要高飞了，我的辛苦一下子变得很值、很值！我到现在还一直保存着一个杯子，一个来自学生的礼物，上面刻着我的名字，我特别感动和喜欢，一直珍藏着舍不得用，看到它就想起我那些可爱的学生（图2-2-5：刻着我名字的酒杯）。还有位剑桥大学的学生，经常记着我，一直给我写信感谢我的化学课。更令我吃惊的是，最近收到一封短信，来自一个已经毕业多年的学生，其中一段话是这样写的：

"总是想起您。作为一个四岁孩子的母亲，我很惭愧自己当时在课堂上给您带来的苦恼，当时我是一个不懂事的少年，正在寻找着自尊。我想从心底深处表达我深深的歉意。您太温柔善良了，我利用了这一点。我非常感谢您在化学课上的实力，我非常感激您，并且希望有机会为我的错误向您道歉。"

图2-2-5：刻着我名字的酒杯

我知足了！这就是对我教书育人最大的回报。酸甜苦辣，都是经历，都是财富，特别是跟我的学生们一起进步，一起成长，我也从她们那里学到了很多很多……

第三章

英国中学教育的基本结构

"她是我舅妈！"我的英国外甥女对她的同学骄傲地大声说。这是发生在英国一所普通中学课堂上讨论BBC纪录片《我们的孩子们足够坚强吗？中式学校》时的一件事。"什么？"全班同学禁不住哄堂大笑。一个地道的英国学生，一句汉语都不会说，也从没有去过中国，更没有听她提到过有什么中国亲戚关系，这会儿竟然冒出这话来，莫名其妙，该不是在哗众取宠吧？

是的！这听起来确实有点滑稽。我走了一条不同寻常的路。而这条路有多艰辛，只有我自己最清楚。语言和文化上受到的冲击，以及中英教育方法不同所带来的挑战，使我经常怀疑自己的能力。这条路，充满了汗水和泪水，需要坚强和坚持。我经常不由自主地比较着中英两国教育的不同之处；也随着工作年限的增长和经验的积累，加深着对英国教育的认识和理解。

第一节：
英国中学的种类划分

　　许多国内家长在考虑英国留学时一定知道英国有公立和私立中学之分，也许还听说过文法学校。但文法学校到底是什么意思？对于刚刚开始考虑将孩子送到英国私立小学或中学读书的家长来说，会感到迷惑和不解。那么家长给孩子择校时如何理解这些名称的含义呢？他们之间的关系又是什么呢？这里我就具体讲一讲这个话题。

1. 综合学校 (Comprehensive Schools)

　　综合学校（Comprehensive Schools）是政府拨款资助的公立中学，服务对象是社会各个阶层的老百姓。在英国，综合学校在招生时不依赖学生的学习成绩或能力，也不看孩子父母的经济富裕程度。综合学校的宗旨是为所有青少年提供平等公正的教育机会，所有不同经济背景和学术能力的孩子可以在同一所学校接受同样质量的教育。

第二次世界大战后，随着广大家长越来越多地反对
"11-plus"exams（11岁加考试——小学升初中统考），
改革的势头越来越大。专业人士认为"11-plus"考试限
制了孩子今后的发展机会，因为这种考试将学生按考试成
绩高低分送到不同的中学，而进入文法学校（Grammar
Schools）的学生将有极大的几率进入大学深造；没有进
入文法学校的学生今后人生的机会将会非常有限。批评
意见指出：将孩子在11岁就因为考试成绩而分成不同群
体，破坏了社会的凝聚力；并提问，难道我们只认可学术
成绩，不认可其他形式的聪明才智吗？与此同时，文法学
校遭到社会上越来越多的批评和指责。工薪阶层家庭出身
的孩子也有接受平等教育的权利和需求，不应因为"11-
plus"考试成绩而将孩子们分化成不同的"机会群体"。

在1965年至1975年的十年间，威尔士（Wales）
和苏格兰（Scotland）的几乎所有州立中学全面完成
了向综合学校的转化；在英格兰，这个数字在1996
年达到90%。③ 如今，综合学校已经因为转型为学院
（Academies），而从原来最常见的国立中学渐渐消失
干净了。④

③ "Comprehensive schools: the history" (Jan. 1996) Available at: https://www.
timeshighereducation.com/news/comprehensive-schools-the-history/92186.article
[Accessed on 28 September, 2017]
④ Okolosie L. *The Guardian* (Feb. 2016) "Our comprehensive schools are being
wiped out. Here's how it's being done" Available at: https://www.theguardian.com/
commentisfree/2016/feb/10/britain-comprehensive-schools-wiped-out-academies
[Accessed on 28 September, 2017]

2. 文法学校（Grammar Schools）

文法学校（Grammar Schools）是国立中学。该类学校通过"11-plus"考试来选择入学学生。据报道⑤，在3000个国立中学中，英国约有232所文法学校，其中北爱尔兰有69所文法学校。在威尔士和苏格兰没有国立文法学校，虽然有些保留了"文法学校"的名称，但它们是非选择性的综合学校。

文法学校自16世纪以来就一直存在，它的原始目的是拉丁语教学。随着时间的推移，文法学校的课程不断扩展，包括了古希腊语以及后来的英语和其他欧洲语言，还包括自然科学、数学、历史、地理学和其他科目。在维多利亚时代晚期，文法学校重组，在英格兰和威尔士提供中等普及教育；苏格兰制定了自己不同的制度。

在20世纪50年代和60年代，反对意见提出，选择性教育体系促进了阶级分化，加强了中产阶级的特权。1965年，政府下令地方教育部门开始逐步淘汰文法学校，取而代之的是综合学校。变化最快的是在工党控制的地区，而保守党控制的地区则变化缓慢，甚至根本没有变化，例如肯特郡，幸存下来的文法学校密度极高。1998年，工党禁止建立新的文法学校，还对现有文法学校今后是否可以生存下来进行了地方投票。事实上，投票决定文法学校是否生存的举动在历史上只进行了一次：在2000

---

⑤ H. Richardson. BBC News (Sep. 2016) "Grammar schools: What are they and why are they controversial?" Available at: http://www.bbc.co.uk/news/education-34538222 [Accessed on 28 September, 2017]

年，北约克郡投票结果显示，67%的家长支持保存文法学校，33%的家长投了反对票。⑥

文法学校是如何选择学生的？文法学校通过考试选拔学生。考生是小学六年级学生，年龄在11岁以上。考试宗旨是了解学生是否能够在高学术环境中学习成长。文法学校入学考试题可以由以下所有或一部分组成：

- 数学推理（数学）Arithmetic Test
- 语文推理 Verbal Reasoning Test
- 英语理解，标点符号和语法 Reading and Comprehension
- 非言语推理 Non-verbal Test
- 创意写作 Creative Writing

英国现任首相极力推崇扩大文法学校的数量，但支持和反对的意见都很多。支持者说文法学校可以帮助普通蓝领阶层的子女接受更好的教育，同时也满足了家长的愿望；而反对意见认为这项政策将花费纳税人大量的资金。

3. 学院 （Academies）

自2000年以来，学院（Academies）便开始存在，当时主要是由一些被政府认为是质量不合格的、责令关闭的学校或与其他学校合并的学校转变而来的。新生的学院（Academies）从这些失败的学校中崛起，不再受到地方政府资金上的资助和行政上的控制。它们的资金来源于

---

⑥ H. Richardson. BBC News (Sep. 2016) "Grammar schools: What are they and why are they controversial?" Available at: http://www.bbc.co.uk/news/education-34538222 [Accessed on 28 September, 2017]

慈善机构和独立的私立公司；教师的雇用合同、教师薪水和养老金，以及学校高级管理层人员的任命、学校的宗旨和运作方法，都独立于当地政府，由学校自行负责管理。

> "许多父母，特别是中产阶级的家长，并不喜欢学院（Academies）这个做法。但政府通过了一项法律，要求所有的学校从当地教育部门的管理下摆脱出来，成立学院（Academies）。只要该校满足基本要求就行。"[7]

最初，学校只有在被Ofsted（Office for Standards in Education, Children's Services and Skills）赋予"优秀（Outstanding）"的审查报告后，才能转型为学院。但现在新的规则说，任何一个学校，无论 Ofsted Report 如何，都可以成为学院，只要该校与一所优秀的学校联合合作就可以了。该计划的理由是，学校可以获得更多的资金，性质还是公立，但资金来源是私人集团寡头。同样为所有入学者提供免费的一流教育服务。

政府要求所有学校在大约两年的时间里转型为学院（Academies），但财政管理方面的转型比想象的复杂得多。尽管如此，许多学校不得不在没有准备好的情况下，跨越式前进。乍眼一看，学院的想法似乎很精彩，但是这个建议有优点，也有缺点。

---

⑦ S. Knowles (14 Aug. 2016) "What is an Academy?" Available at: http://www.gettherightschool.co.uk/what-academy.html [Accessed on 29 September 2017]

优点：

- 有些地区的小学和中学，其招生规模有限，位子数目满足不了家长的需求。学院（Academies）将满足这个市场需要。

- 学院（Academies）将更努力提高教育水平，特别是在家庭经济不良的、弱势群体聚集的地区。在学院开学的几年之内，这些学校要给政府真正意义的数据，证明其真实的、确有成效的进步。

- 学院（Academies）将享有更多的管理经营自主权。这意味着这些学校在雇用教职员工和招生上享有更多的自主灵活性。

缺点：

- 转型为学院（Academies），意味着一些学校将被迫关闭。并不是每一个学生，在自己学校关闭后，能够找到一个离自己家不远的学院（Academy）继续读书。

- 家长和老师在该地区选择他们想要的学校类型的权利将被剥夺。

- 由狭隘利益集团资助的学院（Academies）可能不会严格遵循国家教学大纲授课。

转型为学院（Academies）是一个充满困难的艰苦过程。但是，在今天严峻的经济大环境下，许多学校认为这也是唯一可以生存和发展的选择。对于父母来说，对未知的恐惧也许是最难克服的障碍。

我个人在英国的第一份教书工作，就是在英国南部的一所学院开始的。当时我刚刚完成大学的PGCE课程，在那所学校我是个NQT（Newly Qualified Teacher），需要一年严格的教学监督指导，也就是我在本书的前一章提到的Induction Year Programme。当时的那所学校，从前是由当地政府资助管理的一所综合学校（Comprehensive School），由于Ofsted评估其质量不尽如人意，最先转型成为学院（Academy）。学校得到私立集团的资金资助，盖起了新的教学楼，教学设备焕然一新。原有的教师有的去了别的学校教书，有的留了下来。但重要的是，学校开始在报刊上打广告招募年轻的新教师，我也就是那时被录用的。

当时我的学校，是全英国寥寥几个最先转型为学院（Academy）的学校之一。一年以后我去了肯特郡的一所女子文法学校工作。在我所就职的9年中，我亲身经历了该校从一个传统的文法学校向学院（Academy）演变的过程。学校的名字还保持着原有的文法学校（Grammar School）名称，学生也还需要通过"11-plus"考试而获得学籍；不同的是，学校的资金来源从以前的政府拨款，变成了私立财团投资，学校变得更商业化了。校长从以前的头衔 Head Teacher，变成了今天的 Principal 或Chief Executive，让人感觉校长的主要责任不再是教师的领头人、学业的领袖和教书育人的导航，而是一个从事教育的商人，目的和指导思想变了。

除了校服校徽等表面变化外，家长和学生一时感觉不出来什么本质上的变化。而我作为一个教师，其中的变化直接影响到了我的处境和自身利益。首先，我从过去令自己骄傲的国家公务员，变成了给私人财团打工的打工仔，工作合同变了，安全感没了。我的薪水不再根据国家对教师的等级评判标准而定，而是由校长和校董事会决定。虽然个人收入没有任何变化，但心理感受不再一样。同事之间的工资差距学问很深，不知道比知道对自己精神健康更好些。其次，教师不再是令人尊重的专业技术人员、高尚的园丁、中产阶级；而是一个在不断运作的朝夕不停的大机器中的小小螺丝钉。用英国人的话说，教师已经被"去专业化"（De-professionalized）了，从白领变成了蓝领，从中产阶级变成了工人阶级。最后，学校延长作息时间，加大对教师的监控，教师的假期缩短，压力加大，更重要的是失去了自信心。其实如果教师的自信心和安全感没有了，在学生面前会比较神经质，容易生气或发脾气，失去了幽默感。结果是无法给学生做出表率和榜样的作用，从而直接影响到学生的情绪和学校的教学质量。这还不算教师养老金待遇的变化等。所以大家经常会看到教师工会罢工的新闻，原因可以在这里略见一斑。

这也正是我在2013年9月重新走进大学的课堂，试图寻找答案时所学到的知识。其中的一个Module就是关于全球经济一体化对教育领域的影响（The Effect of Globalization on Education）的。

4. 自由学校（Free Schools）

自由学校（Free Schools）是非营利性质的，独立于当地政府行政管理的，由国家直接资助的，并在有明显需求的地区设立的新型学校。也就是说，自由学校是属于英国教育部直属的，由中央政府直接拨款资助的学校。他们不受地方政府管理和控制，也不受地方政府的资金资助。这类学校有更多的自主权，其中包括：自由学校可以为员工设定自己的工资水准和雇用条件；有权利改变每学期上学的日期、延长每天的作息时间等。自由学校的入学标准和其他学校相同，但坚持教育平等、一视同仁的原则，不允许通过考试选拔入学学生，也不必遵循国家教育大纲课程的严格规定，但是自由学校必须提供一个广泛而平衡的教学课程。与所有其他学校一样，自由学校必须接受英国教育部Ofsted 的定期考核和严格审查。

自由学校为5-19周岁的学生提供全日制教育。自由学校（Free Schools）的性质与学院（Academies）的性质是同一类别的，换句话说，自由学校也是学院的一种，具有相同的法律地位，并以相同的方式资助并追究责任。所不同的是，自由学校（Free schools）是近几年的新型教育产品，是由慈善机构、高校、私立学校、社区和信仰团体、教师、家长和企业单位创立的学校。和其他学院一样，自由学校由非营利性质的慈善信托基金管理，与教育部秘书签署资金资助协议。对于单一学院信托公司（Single-Academy Trusts）和多学院信托公司（Multi-Academy Trusts）有不同的资助规范协议书。

事实上，单一学院信托公司是难以独自长时间在严酷的竞争中存活下来的，其生命力比较短，很快就会被多学院信托公司所合并。通常的多学院信托公司，也要拥有8所以上的中小学才可能真正生存下来。有的校长因为各种各样的压力，将自己的学校归并到多学院信托公司的大旗下，认为有其他优秀学校的支持和帮助，有望提高教学质量，提高Ofsted的定期检查结果。所谓大树底下好乘凉嘛！但有一小部分校长的实际体会却是：在整合之后，自己学校并没有得到期望的支持和帮助，校长还是在孤军奋战。更糟糕的是，校长失去了控制和使用自己学校教育经费的独立权利。多学院信托公司有权对在自己大旗下各个中小学进行教育经费的二次分配和整合。所以有的校长会发现政府拨给自己学校的经费，一部分被二次分配给旗下的其他学校，导致自己学校的经费反倒少于从前。多学院信托公司的股东们认为，在自己信托公司旗下的学校中，有权根据各学校具体情况，将经费分配给最需要的学校。

要想建立一所自由学校，创业团体必须向英国教育部提交申请。申请过程艰难而漫长，通常在2年以上。第一次的申请报告通过后，政府提供一小部分创业补助金来资助继续申请的程序。在2010年至2015年期间，英国联合政府批准了400多所自由学校的申请报告，其中200多所是主流自由学校（Mainstream Free Schools），希望在全国各地安排23万多学生就读。英国前首相卡梅伦还承诺，到2020年，保守党政府将至少在英国开设500所自由学校。[8]

我个人也经历了在伦敦申办创建一所自由学校（Free

---

[8] S. Coughlan (9 Mar. 2015) "Free schools: David Cameron pledges 500 more by 2020" Available at: http://www.bbc.co.uk/news/education-31791485 [Accessed on 29 September, 2017]

School）的艰辛历程（图3-1-1：我的自由学校倡议书）。从2015年12月开始调查研究和书写申请报告，到2016年11月份上交完整调查资料，历时整整一年的时间，非常艰苦，困难重重。

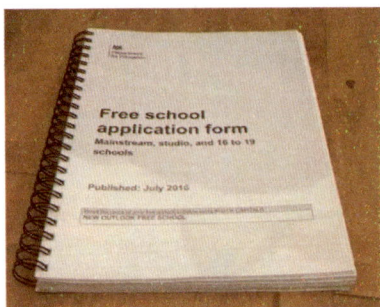

图3-1-1：我的自由学校倡议书

我办学的初衷是为了在英国主流社会传播中国儒家文化最优秀的一面，帮助英国学生提高学习的态度和自觉性。许多研究表明[9][10][11]，尽管西方文化与中国文化截然不同，中国学生在缺乏英国背景知识的不利条件下，学习成绩仍然非常优异。中国学生成绩优秀这一现象与家庭经济状况优劣，或父母受教育程度关系不是很大。

---

[9] Becky Francis and Louise Archer, (February 2005) "British-Chinese pupils' and parents' constructions of the value of education"; British Education Research Journey Vol.31, No.1, pp. 89-108; Also Available at: British-Chinese pupils and parents constructions of ... - CiteSeerX [Accessed on 14 Oct, 2017]

[10] Warwick Mansell, *The Guardian* (7 Feb. 2011), "Hidden tigers: why do Chinese children do so well at school?" Available at: https://www.theguardian.com/education/2011/feb/07/chinese-children-school-do-well [Accessed on 14 Oct, 2017]

[11] Department for Education and Skills (2006 edition) "Ethnicity and Education: The Evidence on Minority Ethnic Pupils aged 5–16" Available at: http://webarchive.nationalarchives.gov.uk/20120106185351/https://www.education.gov.uk/publications/eOrderingDownload/DFES-0208-2006.pdf [Accessed on 14 October, 2017]

为了将中国学生的成功也传授给英国广大学生和家长，在2015－2016这一年的时间里，我领导和组建了以英国中学校长和骨干教师为主要成员的申请团队；撰写了150多页，约5万多字的申请倡议书，结合中西教育优秀的一面，提出了一整套具有独特教学理念的办学方针；同时深入基层，采访当地家长、学生、教师和校长，掌握了大量数据，以事实为证据说明市场对我们的独特办学理念的需要、支持和拥护；并设计具体教学方案，阐述如何贯彻执行这个教学新理念的具体方案。

申请倡议书主要覆盖以下方面：

- 办学理念和视野
- 课程设计和计划
- 有效地衡量学生的表现并制定具有挑战性的目标
- 员工结构
- 市场调查：该地区是否需要此学校？证据在哪里？用收集的数字和案例支持证明自己的论据
- 学校正式开学前的前期准备工作质量和标准
- 问责与决策
- 预算规划和负担能力

市场调查是最艰辛，也最重要的环节之一。与家长和当地社区接触互动，并收集数字和案例，证明该地区需要此类学校，这项工作花费的时间、精力和费用最多。在我的领导下，我们的团队设计学校网站和宣传单（图3-1-2：我申办的自由学校的宣传单），以及社会问卷，并走访各个中小学和社区，宣传并收集答卷。同时在当地社区组织活动，宣传学校的办学理念和教育方针等等。

图3-1-2：我申办自由学校的宣传单

在这一年中，我领导的团队经历了英国教育部两次极其严格的、每次成功率仅为三分之一的考察和审核过程。我作为申办领导人，带领着包括牛津大学教育学博士、英国名校校长、骨干教师和财政计划管理人员在内的申办成员共10人，接受了教育部两次极其严格的面试和答辩会。虽然每次都问题尖锐，惊心动魄，但我们也获得了高度的肯定。该项目由于种种原因，最后不得不搁浅，但对于我个人来说，还是学到了很多平时学不到的东西。我对英国教育的理解更深刻了，在思想上也更加成熟起来。

5. 私立学校 (Private Schools)

私立学校（Private Schools）也被称为独立学校（Independent Schools），在学校财务和治理是上独立自主的。该类学校通常不依赖国家或地方政府资助及拨款，也不依赖纳税人的捐款，而是由学费、捐款、捐赠及集团投资而组合起来的。它通常由独立于政府管理的董事会管理，并具有确保其独立运作的治理体系。学校不必遵循国家教育大纲的课程规范，有较大的独立性。但是所有私立学校必须向政府注册，并定期接受检查。在英格兰（England）和威尔士（Wales），比较有声望的私立学校也被称为公学（Public Schools），这个定义来源于"校长会成员"制度，其中包括许多私立学校和文法学校的校长。

据统计，2011年全英国（英格兰，威尔士，北爱尔兰和苏格兰）约有2600多所私立学校，教育共62.8万名学生，其中包括6.5%的少年儿童和18%的16岁以上的学生⑫。在英格兰，私立学校的学生比例目前为7.2%。在苏格兰，私立学校也可能是具有专科特长的学校，如音乐学校，或特殊教育学校等。苏格兰私立学校目前培养教育31,000多名学生，雇用约3500名教师⑬。学校由苏格兰独立学校委员会所代表，所有学校接受政府的督察，苏格兰教育督察进行检查。

私立学校通常覆盖3-19岁年龄段的学生，即幼儿园、小学、初中、高中一贯制，也有寄宿学校和非寄宿学校之分。英国以其大量优秀的寄宿学校而闻名，私立学校中绝大多数服务非寄宿学生。约有700所私立学校提供寄宿服务，学生的年龄在11或13岁到18岁阶段。寄宿学校也有数量较少的小学，主要提供8岁以上的学生住宿。只有非常少的学校提供7岁以下的寄宿服务。这些寄宿小学

⑫ "Independent schools (United Kingdom)", Available at: https://en.wikipedia.org/wiki/Independent_school_(United_Kingdom) [Accessed on 1st Oct, 2017]
⑬ "Independent school" Available at: https://en.wikipedia.org/wiki/Independent_school [Accessed on 1st Oct, 2017]

或寄宿幼儿园，主要留给英国武装部队的家庭子女，因此只适合英国家庭。

男女同校的学校（Co-educational Schools）是寄宿学校数量最多的一种学校，但是也有约50所女子寄宿学校和20所男子寄宿学校。一些女子学校到了高中（A-Level）阶段便变成Co-ed（男女同校教育），以提供机会让男女生为将来的大学生活做好充分的准备。

寄宿生包括"全寄宿生"和"周寄宿生"。"周寄宿生"指每周只是周一至周五住校，周末回家的学生，也被一些学校称为"酒店住宿"，因为父母可以在一周的任何一天，根据需要为孩子预订房间。还有一种形式的寄宿，那就是学生住在当地人家里，也称作"Homestay"（家庭寄宿）。这种方法通常相对便宜一些，但对于一些父母来说，这往往是不易接受的。

大多数寄宿学校在学生到达17岁时都会给他们单人房间，但在14-17岁时通常为双人房间。年龄较小的儿童住在大房间里，每个宿舍容纳6-8人。学生年纪越轻，就越需要有同伴住在一起，以避免想家。

较大的寄宿学校通常一周工作六天，星期六上午正常上课，下午进行体育运动或其他课外活动。一些寄宿学校会安排星期日的旅行活动，带学生出去看戏剧表演，或其他一些有趣好玩的活动。也有学校决定让学生放松休息，在星期日做他们自己喜欢做的事情。

一个好的寄宿学校非常注意照顾学生的情绪、心理和身体健康，因为这些方面和专业学习一样重要。许多学校允许家长将孩子放在学校一两天，让孩子体验一下生活，以确保孩子入学后顺利适应新环境。孩子寄宿学校生活中的一个关键人物是负责寄宿的舍监（Housemaster或Housemistress）。建议家长在访问学校时，多与他们交谈。

这里要说的是，并不是所有私立学校的学生都来自经济殷实的家庭。英国有许多申请国家、当地政府和学校奖学金、助学金的渠道。有些家长更懂得这个渠道和如何申请的方法，所以他们的子女也就近水楼台先得月了。在私立学校任职的教师，在学费上也有极大的优惠条件，将自己的孩子放在私校就读。

中国家长非常青睐英国私立学校，但有个误解：私校一定比公校好。一定是这样吗？2017年最新数据显示[14]，全国私立学校学生的A-Level考试成绩，普遍高于国立中学。在获得A*的学生人数中，私立学校为18%，公立学校为8%；私立学校是公立学校的两倍多。同时私立学校有约29%的学生拿到A，公立学校为8%；高出公立学校三倍还多。拿B的学生两类学校持平。拿C和C以下成绩的学生，私立学校的人数比例非常低；而公立学校比例很高，尤其是拿C和D的学生。

但事实并不这么简单。从英国2016年GCSE成绩前10名排名表来看，私立学校只有一家；而在全英前100名

---

[14] *The Telegraph* (26 Aug, 2017) "Best independent schools in 2017: Full league table for A-Level results" Available at: http://www.telegraph.co.uk/education/independent-schools-a-level-league-tables-2017-does-school-rank/ [Accessed on 29 September, 2017]

排名榜中，私立学校一共有19家⑮。所以私立学校一定就比公立学校好的观念存在误区。劝家长在咨询国内留学中介公司听取有关英国学校介绍的同时，也自己上网多多了解实际情况。

公校的教师一定要有教师资格证的；而私校教师不一定持有教师证，校长有雇用自主权。所以国家对公办学校的师资要求更高，更严格。公立学校的经费来自于纳税人，所以外国人没有纳税，就不可能享受英国公立学校的教育服务，只有交学费上私校这一个途径。而公校是不允许招收费生的，校长也没有这个权利。

6. 特殊需要学校 (Special Needs Schools)

特殊需要学校（Special Needs Schools）为学生提供在普通学校无法实现的个体服务项目。特殊教育（也称为特殊需求教育或辅助教育）是满足个人差异和需求的教育方式。理想情况下，这一教育过程包括对学生个体量体裁衣制定教学程序，包括为其单独计划和系统监控教学计划和安排。这些干预措施旨在帮助具有特殊需求的个体能够在学校和社区的帮助下，获得自给自足的能力和学业上的最大成功。

常见的特殊需要包括学习障碍（如阅读困难）、沟通障碍（情绪和行为障碍）、身体残疾和发育障碍等。具有

---

⑮ Harry Yorke, *The Telegraph* (19 JANUARY 2017), "GCSE results 2016: the top 100 secondary schools" Available at: http://www.telegraph.co.uk/education/2017/01/19/gcse-results-2016-top-100-secondary-schools/ [Accessed on 10 Oct, 2017]

这些特殊需求的学生将会受益于特殊教育所提供的服务，例如运用不同的教学方法，使用不同的教学仪器设备以及提供特殊的教学区域和实验室。

如果孩子有学习障碍或其他医学问题，一份正式的"特殊需求声明"陈述文件是必要的。该文件详细说明儿童的学习困难以及需要的帮助和应采取的措施。如果您的小孩在学校需要特殊帮助，而这个要求又超出了所在学校教师的服务范围，"特殊需求声明"将确保孩子能够得到正确的帮助。

一旦孩子拥有"特殊需求声明"，家长有权要求当地政府安排孩子去最适合的学校。政府会给家长发送其居住地区的合适学校的名单和详细信息。有些可能是特殊学校，但大多数可能是主流学校，因为教育的目标是在同一环境下满足大多数学生的特殊需求。当地政府至少要每年检查一次孩子的学习进步程度。这个年度审查包括与家长和孩子会面。如有必要，将在年度审查后对您孩子的"特殊需求声明"作出更改。

虽然特殊教育是专为有特殊需求的学生设计的，但对于没有特殊需要的学生来说，也可以起到补充教育的作用。例如，即使是高智商的学生，如果受到其他方面的干扰，也在不同程度是需要特殊教育。在大多数发达国家，教师尽力改进教学方法并充分做好备课准备，以便在正常的教育环境中为学生提供最到位的服务。因此，发达国家的特殊教育往往被视为一种每个学校都有的服务，而不是一个具体单独的学校。

7. 宗教学校 (Faith Schools)

宗教学校（Faith Schools）教授的课程和遵循的教学大纲与其他学校完全相同，但具有特定的宗教特征。宗教学校通常是指国家拨款资助的公办学校，尽管许多私立学校也具有宗教特征。根据2011年的统计[⑯]，在英国20,000个国家资助的学校中有三分之一是宗教学校，总共约7,000多个，其中68%是英国教会学校，30%是罗马天主教会学校，另外还有42个犹太教，12个穆斯林，3个锡克教和1个印度教信仰学校。自2010年"学院法案"通过之后，许多宗教学校也转化为学院地位（Academies Status），有时被称为宗教学院（Faith Academies）。有宗教信仰的自由学校（Free Schools）也被称为宗教学院（Faith Academies）。所有宗教学院都可以为自己雇用的员工设定薪酬和条件，同时在教学上没有义务遵循国家教学大纲规定的课程。但事实上几乎所有学校都是以国家教学大纲为准则的，只是在个别科目上有所不同。

宗教学校可能会优先考虑有相同宗教信仰的申请学生。但是，国家资助的公办宗教学校必须考虑到其他无宗教信仰的学生，在学生人数没有招满的情况下，必须确保录取其他申请人。

---

⑯ Faith school, From Wikipedia, the free encyclopaedia, Available at: https://en.wikipedia.org/wiki/Faith_school [Accessed on 29 September, 2017]

8. 学生转介单位 (Student Referral Unit)

在英国，一个学生转介单位（Student Referral Unit）是由地方政府资助的一个教育机构。该机构专门接收被其他学校开除的、生病的，或因为其他方面的原因不能进入正规学校学习的学生。地方政府有义务为不能上学的，但还处于义务教育年龄阶段的学生提供适当的教育。学生转介单位是国家单位和私人管理公司的混合体。

很多时候，进入这种学校的学生有情绪障碍和行为困难，通常是由于家庭暴力，长期没有关爱，或是遭受欺凌等，而引起的愤怒和积怨。有数字显示[17]，英国目前大约有421家学生转介单位，在2002年至2003年间，有17,523名学生先后在这种机构过渡。虽然学生转介单位不必提供完整的国家教学大纲，但也提供包括英语、数学、科学、PSHE和ICT在内的课程。和任何其他类型的学校一样，学生转介单位也受到Ofsted的定期检查。从2010年9月起，Student Referral Unit又被称为Short Stay Schools，即短期停留学校。

能在这种学校长期当老师，必须是特殊材料打造出来的人才行。我曾经在学生转介单位工作过两周，其间的经历印象深刻。

那时我刚刚拿到PGCE证书，还在寻找我的第一份教师工作。有电话打来问我去不去学生转介单位，我也不太懂得其中的奥秘，就答应试试看。我当时想："一个班才

---

[17] Pupil Referral Unit – Wikipedia, https://en.wikipedia.org/wiki/Pupil_Referral_Unit

4个学生，再捣乱也应该也是可以对付的吧？"

学校不大，但环境优美，教室里的设施是应有尽有。我准备好了课程，等待着学生进来上课，心里也是七上八下的。四个学生都是男生，虽然只是8年级的学生，其中一个学生的个子却特别的高。他一进来，还没坐稳，就将教室里的书架无缘无故地推翻，书籍和游戏教具撒了一地。我张口结舌，目瞪口呆。还没等我缓过神来，另一个小个子的学生立即跑出教室，冲出走廊，消失在学校的花园中。我和学校另外一位老师开始四处寻找，一开始怎么也找不着，后来才发现那学生居然坐在一棵大树的树半腰上。什么时候上去的？怎么这么快，好像猴子一样敏捷！

第二天上课，根据学校的分配，我带这几个学生来到操场打篮球。"昨天他们不喜欢室内教育，室外活动该好一点吧？"我想。把球发给了他们，我就站在一旁看守着。还没有活动几分钟，他们就不打球了，却扔起了石头来，看谁扔得远。我在一旁拼命劝阻，却没人答理我。不一会儿，"啪"的一声，坏了！石头落到了学校旁边的一家居民住房，把人家厨房的玻璃给砸烂了。谢天谢地，没有将人砸着。虽然这件事后来得到了合理的处理，我还是领教到了在这种学校工作的特殊艰难和挑战。

后来我开始与学生聊天，了解他们对学校和学习持有负面态度的原因。我意识到，这些孩子其实非常聪明，也不愿意被送到学生转介单位来，而是希望留在原来的学校。他们认为这里是给"傻瓜"开的学校，来到这里的人意味着是"傻瓜"。所以自我放弃，更难管教了。很多学生从小因为没有家庭温暖，父母离异或有法律官司，孩子在精神上受到很大程度的刺激，所以行为举止怪异。还有个女生对我说，因为她是吉普赛人（Gipsy），没有固定的住址，汽车就是家，经常随着车流到处跑，所以经常换学校，这极大影响了她和学校师生建立健康友好关系的可能性。她说："我们是旅行者（Travellers），别人看不起我们。"

在这种学校工作，教师的本领不仅仅局限在传授知识上，更表现在惊人的管理能力和心理辅导能力上。虽然我非常希望自己能够成为那样的多面手，教好这些学生，同时也非常敬仰那些敬业的同事，对工作一心一意、专心负责的精神，但确实感到自己能力有限，不是这块料，教不好这样的学生。

第二节：

国家教学大纲(National Curriculum)

伴随着"教育改革法"（1988）的公布，国家教学大纲进入英格兰（England）、威尔士（Wales）和北爱尔兰（North Ireland），成为全国中小学公办学校的教学课程大纲。私立学校（Independent schools）有灵活操作的自主权，可以不遵循国家教学大纲的课程内容。学院（Academies）和自由学校（Free Schools）也可以制定自己的课程，尽管如此，大多数学校还是坚持遵循国家教学大纲的课程计划。

引进国家教学大纲的目的是为了使所有学校内部的教学内容标准化，以便于评估、比较，从而能够根据考试结果给每个学校编制出详细的评估统计数据表，并排列出来以达到相互学习的目的。这些排行表，在一定程度上鼓励学校在招生市场上自由竞争，也允许家长根据他们的具体要求选择适合自己的学校。表格3-2-1显示了从小学（5-11岁）到初中（11-16岁）的课程设计，其中小学分两个关键阶段: Key Stages 1 & 2; 初中也分两个关键阶段: Key Stages 3 & 4; 高中（17-18岁）为Key Stage 5阶段，又称6th Form或A-Level（表3-2-2: 英国教育阶段）。

表3-2-1: 国家教学课程的法定科目

Subject 科目	Key Stage 1 (Age 5-7)	Key Stage 2 (Age 7-11)	Key Stage 3 (Age 11-14)	Key Stage 4 (Age 14-16)
English 英语	√	√	√	√
Mathematics 数学	√	√	√	√
Science 科学	√	√	√	√
ICT 信息交流技术	√	√	√	√
Physical Education 体育	√	√	√	√
Geography 地理	√	√	√	
History 历史	√	√	√	
Music 音乐	√	√	√	
Art & Design 艺术设计	√	√	√	
Design & Technology 设计技术	√	√	√	
Modern Foreign Languages 现代外语		√	√	
Citizenship/ PSHE* 国家主人公			√	√
Work-related Learning 实习学习				√

*PSHE (Personal, Social, Health and Economic Education) 即个人、社会、健康和经济教育。另: 根据国家规定，所有公办学校应该提供宗教教育课程，但是父母有权让孩子不选择学习这门课程。

表3-2-2：英国教育阶段

课程阶段	年级	年龄段
KS1	1，2年级	5-7 岁
KS2	3，4，5，6年级	7-11岁
KS3	7，8，9年级	11-14岁
KS4 （GCSE）	10，11年级	14-16岁
KS5 （A-Level）	12，13年级	16-18岁

每个科目，都有国家出台的、信息量很大而具体的教学大纲，而且每2－3年就有内容上的改进和变化，以适应社会发展的需要；而每个Key Stage（年龄关键阶段），又有各自的教学大纲。例如：中学的科学课，在Key Stage 3阶段，有国家关于科学课程的教学大纲；到了Key Stages 4 & 5,又有详细的物理、化学和生物单科教学大纲，课程分别由专业教师教授。例如我的课表，初中阶段（KS3）我教科学课，包括物理、化学和生物三门；到了GCSE和A-Level（KS4 & KS5），我就只教化学专业课了。

从教学科目上看，英国教育涉及的领域相对广泛。其中科学课程包括生物、物理和化学三门科目；现代外语包括法语、德语、意大利语、西班牙语、日语、中文等语言课程；英语包括英语语言和英语文学两门课程。初中阶段（Key Stages 3 & 4）的必修课有：英语（两门科目）、数学、科学（三门科目）、体育、信息交流技术，还有一周一次的必修课Citizenship/PSHE；其他科目有现代外语、历史、地理、音乐、艺术设计、信息交流技

术、设计技术（包括纺织设计技术、食物营养与技术、木
工铁匠设计与技术）。有些学校还提供戏剧表演、舞蹈和
宗教课程。Key Stage 3的学生一般选择两门外语，到了
Key Stage 4就只保留其中的一门外语继续学习了。

表3-2-3：Key Stage 4 课程选修表

Core 主科	Humanities 人文学 (Pupils to pick one 学生选一门)	Languages 外国语 (Pupils to pick one 学生选一门)	Options 其他选项 (Pupils to pick two 学生选两门)
English Language 英语语言	History 历史	French 法语	Art and Design 艺术设计
English Literature 英语文学	Geography 地理	German 德语	PE 体育
Maths 数学			French 法语
Further Maths 数学延伸			German 德语
Biology 生物			History 历史
Chemistry 化学			Geography 地理
Physics 物理			Music 音乐
Computer Science 计算机科学			Religious Study 宗教

到了Key Stage 4，也就是读GCSE的年龄，学生
便开始选修课程了。例如表格3-2-3：主科课程是必修
课，每个学生都必须选择，这包括：英语语言（English
Language）、英语文学（English Literature）、数
学、生物、物理、化学、计算机科学。选修课包括：历
史、地理、法语、德语（有些学校有中文这一选择）、艺

术设计、体育、音乐。学生在其中任选两门，一共要攻读12门GCSE课程。

英国不少中学是以自己的专业长项（叫Specialism）为特点进行市场宣传的，比如我所在的文法学校，具有音乐艺术专业的侧重点（Specialized in Performing Art and Music），所以我们学校的管弦乐队就非常庞大和专业，音乐艺术教师师资力量雄厚。管弦乐队经常在放学后排练，并在当地教堂或社区做一些公益演出活动。看着自己的孩子在台上表演并赢来掌声，家长也感到很自豪。有的学校专业侧重点在外语，其外语课程选择就很多，除了上述外语课外，甚至还设有俄语、阿拉伯语等语种。一般来说，普通学校只需要提供3门外语课选择，通常是法语、德语等欧洲语言。现在中文很时髦，学校只要选开中文课，英国政府就给学校一定的额外经济补助。

Key Stage 5（关键阶段5）用于描述16-18岁的学生。Key Stage 5也叫6[th] Form，也是我们通常叫的A-Level（Advanced Level），指的是高中教育阶段，包括12年级（AS-Level）和13年级（A2-Level）。Key Stage 5的学习更为紧张并具有挑战性，这个阶段的选修课程将决定学生申请大学时将要学习的专业。

表格3-2-4是Key Stage 5学生选修课程的一个例子。在12年级，学生要在表中提供的科目中选择至少4门课程，外加"扩展项目资格证书"（Extended Project

Qualification，简写EPQ[18]）。到了13年级，学生将至少学习3门课程，另加Extended Project Qualification（EPQ）。

表3-2-4：Key Stage 5课程选修表

Facilitating A-levels* 促进学科	Other Options at A-level 其他学科
Maths 数学	Economics 经济学
Further Maths 数学延伸	Art and Design 艺术设计
English Literature 英语文学	Music 音乐
Physics 物理	Psychology 心理学
Biology 生物	Government and Politics 政府和政治
Chemistry 化学	Computer Science 计算机科学
Geography 地理	Law 法律
History 历史	Sociology 社会学
Languages 外国语 (French, German, Mandarin etc.)	Religious Study 宗教研究

*Facilitating A-levels: 最重要的科目有时也被称为Facilitating A-levels

　　EPQ是一个独立的资格证书。它是一个引导和激励学生自我研究、自我探索的项目。学习EPQ，学生将根据自己的选择创建一个研究课题项目。课题项目的设计是为了让学生在现有的科目学习中，扩展或延伸他们研究、开发和应用知识的技能。学生将以论文、实地调查研究、艺术

---

[18] http://www.aqa.org.uk/programmes/aqa-baccalaureate/extended-project/the-aqa-epq

表演等形式展示他们的知识和技能。学生在设计规划、管理和完成作品等方面接受教师的评估和打分。

高中的入学条件根据各个学校的要求有所不同。一般学校希望保留75%左右自己的在校初中生，同时从其他学校吸引一些优秀学生。好一点的公立学校一般要求5个GCSE A*－B，其中必须包括英语语言和英语文学。在这里说明一下，英语语言（English Language）和英语文学（English Literature）是两个不同的课程，英语文学更深一些，例如学习二次世界大战时期的诗歌、散文和莎士比亚的文学作品，并加以分析理解。英语文学通常与戏剧课联系紧密，学生在学习的同时，根据自己的理解编排话剧表演给家长和全校师生。所以可以发现有的教师既教英语，又教戏剧；或初中带英语课，高中带戏剧课。因此，在英国教书，具备多面手素质非常重要。比如一个可以教两门外语课的老师（法语和德语，或法语和中文）就比只能教一门课的人容易被雇用。同时每年还要带学生去母语国参观，或做交换生等。而一个科学教师，能够讲授生物、物理和化学初中课程，同时再教授其中一门专业高中课程，就是可被雇用的必要条件了。

高中课程是为上大学而有目的地进行选择的，需要根据学生的个人兴趣和老师的指导而定夺。通常每个高中生选择4门专业课，而这时的科学课，也不再是生物、物理和化学归属一科的科学课了，而是三门独立的专业学科，由专业教师教授了。同时高中（A-level）还设立了一些初中没有的课程，比如法律、心理学、政治经济学等。到了A2阶段，只专修3门课程就行了，其中的一门课可以放弃了。所以在这个阶段学生基本已经知道自己将来要上什么大学，学什么专业了。学生的职业规划在高中班主任和学校专门聘请的职业规划顾问的指导下，已经基本形成了。模拟面试、个人陈述的写作，也有专人负责辅导。

与中国教育相比，英国教育出来的学生知识面相对宽一些，思想活跃一些。因为初中和高中所开的科目就比较多，学生通常在GCSE阶段平均可以拿到11个科目的成绩。但与国内教育出来的孩子相比，他们的基本功，特别是在教学上，不够扎实。国内孩子的知识面可能没有英国孩子的宽，所以在批判性思维和开放性命题等方面，相对薄弱；但掌握的知识比较扎实，理解深刻，而且能举一反三，游刃有余。

很多国内学生非常有创意，希望学习服装艺术或装饰设计等艺术类专业。有些孩子虽然在课外接受了艺术专业训练，绘画基本功扎实，但因为不懂如何积累个人的艺术作品集（Portfolio work），而在申请国外大学时遇到困难。

第三节:
英国的考试制度(Assessment)什么样?

　　都说中国孩子学习太苦,英国倡导的是快乐教育,这也许在某种程度上与国内的高考制度有关。一考定终身,逼得全家祖孙三辈齐上阵,不顾一切,的确有损快乐指数,压制年轻人自然成长的过程。英国没有高考制度,那学生是如何考取大学,拿取名牌大学的学位的呢?

　　获得英国大学的入学资格,需要拿到相关科目的GCSE 和A-level成绩。而为初中和高中阶段编制试卷和颁发证书的资格认证机构主要有五个,现罗列归类如下(表3-3-1)。

表3-3-1: 初中和高中阶段资格认证机构

资格认证机构	英文全名及中文翻译	简介
AQA	Assessment and Qualifications Alliance 评估和资格考核联盟	AQA是英格兰、威尔士和北爱尔兰的教学考试评估资格机构。该机构每年给GCSE，AS和A2级别的各个科目编制考试样题和正式考试试卷，并编写教学大纲、教科书和辅助资料，并提供职业资格证书。AQA是一家注册的慈善机构，也是英国最大的考试委员会，独立于政府，但受到英国政府的监督和管理。 2015年5月，AQA与牛津大学出版社合作，联合成立了一家名为牛津国际AQA考试（Oxford AQA International）的合资企业。这一新的合资企业为英国以外的国际课程学校提供符合最新英国标准的新一代国际资格认证。该国际认可的GCSEs和A-levels专门针对英国以外学生的需求量身定制，并具有与学生生活相关的评估。
OCR	Oxford, Cambridge and RSA Examinations 牛津，剑桥和RSA考试	OCR是一个设置教学大纲、编写教材和考试试卷，并颁发资格证书的考试委员会。它创建于1998年，是英格兰、威尔士和北爱尔兰的评估资格机构，也是五个主要考试委员会成员之一。 OCR总部设在剑桥，在考文垂（Coventry）也设有办事处。它是剑桥大学剑桥评估学院的一部分，在160多个国家开展业务。OCR在英国全国范围内提供GCSE和A-Level级别的各科教学大纲、教学课本以及考试试卷等；而对于其他国家，剑桥国际考试委员会（CIE）提供该领域的服务。OCR和CIE之间的一个重要区别是，英国考试委员会OCR必须遵守英国政府的各项规章制度，但CIE的国际GCSE和A-Level级别不需要。
CIE	University of Cambridge International Examinations 剑桥国际考试委员会	CIE是国际资格证书提供者，为160多个国家的10,000所学校提供考试评估服务。CIE是剑桥评估部门的一个分支，其全称是University of Cambridge Local Examinations Syndicate，即剑桥大学本地考试联合会。它成立于1858年，是剑桥大学非营利性、非教学性部门。 CIE提供申请大学入学的认证资格，例如Cambridge International General Certificate of Education（剑桥国际普通高等教育证书）。此外，CIE还为国际范围的中小学提供各年龄阶段的教学大纲、教材和考试试卷。CIE颁发的资格证书被英国各个大学（包括牛津和剑桥大学），以及美国各大学、加拿大、欧盟、中东、西亚、新西兰、印度、巴基斯坦、孟加拉国、斯里兰卡以及其他国家和地区认可。

| Edexcel | 爱德思国家职业学历与学术考试机构 | Edexcel是Pearson旗下的一家跨国教育和考试机构。Pearson Edexcel是英国唯一一家私人拥有的考试委员会。Edexcel是Education 和Excellence两个单词前面几个字母的组合，是"教育"和"卓越"的结合意思。它既为英国中小学提供教学课程大纲、教材和考卷，也为国际上其他国家和地区提供资格证书，覆盖GCSE 和A-Level。Edexcel创建于1996年，是英国最大的一家既有学术深度，又有职业培训功能的资格证书授权组织，其证书被国际公认。

Edexcel还提供IAL（International Advanced Levels），也就是英式A-Level的国际版本，用于给英国境外的国际学校提供A-Level资格认证。英国NARIC（英国国家认可信息中心）认为，IAL提供的资格证书，其质量和标准与英国颁发的教育证书水平相当。此外，Edexcel还提供了"Edexcel国际文凭课程"（Edexcel Internationals Diploma），该课程包含4个A-Levels，包括3个A2和1个AS。在英国的国际学校中，使用最多的教学大纲是 Edexcel、CIE（剑桥国际考试委员会），以及International Baccalaureate（IB，国际文凭）。 |
| WJEC | Welsh Joint Education Committee

威尔士联合教育委员会 | WJEC是为英国学校提供考试、专业发展和教育资源的考试委员会。它创建于1948年，是一家注册的慈善机构。该组织位于威尔士（Wales）的首都加的夫（Cardiff），提供专业的印刷和出版服务。WJEC由具有教育和商业领域经验的高级管理团队负责日常运营工作。

WJEC的资格证包括传统学术科目，以及和工作实践相关的科目；分GCSE和AS/A2级别，以及其他关键技能培训。英国广播公司最近的一份报告显示，由于评分质量和效率上的问题，越来越多的WJEC试题要求重新批改。同时WJEC也受到英国下议院就这一问题的问责。目前，WJEC为一些科目引进了电脑评估系统，提高了考试评分的质量和效率。 |

　　无论采用哪一个委员会的考试题，考试内容都大同小异，时间也非常灵活。每年夏天六月份，冬天元月份都可以登记考试，有的科目三月份还有考试机会。过去如果学生夏天（六月份）考试成绩得了B，不满意，学校还可

以再帮助学生登记冬天（元月份）的考试，以最高成绩为主。这样有些学校表面上看GCSE A*~C的百分比很高，但主要是靠补考成绩上去的。最近教育部取消这个做法，结果立即影响到一些学校在当地区域的排名。有的学校全靠补考名列前茅，该政策一取消，立即排名下滑。而家长给孩子择校基本就看这个指标。这样一来，某些学校因为招不够学生而得不到足够的政府拨款，导致教师裁员，甚至影响到学校的生存状况。

拿AQA考试委员会的科学课为例，它包括物理、化学和生物三门专业。GCSE设立Double Science和Triple Science两种，学习成绩好的学生攻读Triple Science，其他学生攻读Double Science。读Triple Science的学生三门课分开考试，拿三个独立的成绩。而读 Double Science的学生，最后成绩是三门课的平均分。不过这些考试成绩只占最终GCSE成绩的75%。其余的25%是科研实验技术，考查学生利用已掌握的理论知识进行预测、分析、评估，并设计实验方案，选择必要的材料和仪器，发现问题，解决问题的能力。而这25%的成绩是在任课教师的监督下完成的。因为任课教师给的成绩占25%，所以可以影响到学生最终的GCSE成绩。每个学生都需要做生物、物理和化学三个科目不同的科研实验，Double Science学生在三个成绩中取两个最高成绩为最终实验成绩；Triple Science学生的三个成绩分别加算到各个单科成绩中去。

近几年来，AQA的实验考试形式有所改变，任课教师不再监督测试并打分给出这部分的成绩。实验技能测试题包含在正式笔试题中，分试卷1和试卷2两部分，各占GCSE最终成绩的50%。学校根据自己的情况，或同一学校的不同学科部门根据自己的情况决定采用哪一个考试委员会的考试题。英国主流学校通常选择AQA，OCR或Edexcel的考题；海外国际学校偏重于选择CIE（剑桥国际考试委员会）的教学命题，或Pearson Edexcel的大纲和命题。拿Pearson Edexcel为例，我个人曾经接受过Pearson Edexcel的专业培训，了解到该考试委员会在化学考核测试中，考虑到海外学校的特点，照顾到他们与英国本土学校的不同之处，设计的具体考核方法有所不同。同时，我也担任过AQA考试委员会的化学考官，参加过AQA组织的A-Level化学教学培训，也在每年六月份负责全国GCSE的考卷批改评估工作。

前面提到，学生拿到5个GCSE A*~B，就可以上很好的公立中学，例如文法学校；而5个GCSE A*~C的百分数，是学校在区域排名的依据。上了高中也是一样。拿Edexcel考试委员会的A-Level化学专业来说，核心实验一共16个，老师平时在课堂中观察学生的操作技术和分析问题、解决问题的能力，给予分数纪录。最终学生在通过笔试时，不仅要回答有关具体实验的题目，同时任课教师根据平时课堂上实验能力表现，记录结果并决定是否颁发"实验技术认可"证书。考试委员会每年抽查各个学校任课教师的实验评分，并查看学生实验记录证据。

从2017年开始，英国对于英语和数学的评估，将以新制的GCSE 9－1分级标准进行测试衡量，而不是A*－G，其中9级是最高档次，1级是最低档次，而9－1级并不相当于目前的A*－G。7、8、9级相当于目前的A－A*级别；4、5、6级相当于目前的B－C级别；而1、2、3级取代目前的D、E、F、G评判标准。其中9级相当于目前的A**，8级相当于目前的A*，7级相当于目前的A（表3-3-2）。

表3-3-2：GCSE 9-1 Grades

新 GCSE 评级结构										
9	8	7	6	5	4	3	2	1	U
A*	A		B	C		D	E	F	G	U
旧GCSE评级结构										

新系统旨在提供更多的层次和差异，特别是在成绩高的学生中再次分层。在全英国能达到9级英语和数学的学生，将不超过3%[19]；而能够达到9级的学生，将是精英部分。同时，过去许多科目中都有的Coursework，在科学科目中称为ISA（Investigation Skill Assignment），在新的GCSE评判标准中被取消，因为这部分由各个学校任课教师评定给分，误差较大。取消Coursework的新规定，并不包括戏剧、舞蹈和艺术学科。同时，学生必须在完成Year 10和Year 11的课程后才能参加GCSE考试，不像旧的考试，Year 10一考，到了第二年Year 11再一考。

---

[19] http://www.madeformums.com/school-and-family/what-do-the-new-gcse-grades-mean-and-how-do-they-compare-with-a-g-system/43076.html

这个改革，适应教学大纲内容加深、变难的要求。2017年考试首次发布的考试成绩，是2015年首次开始贯彻执行新的教学考核规则的第一批学生。到2019年，所有GCSE成绩将全部使用新系统进行考核；也就是说，到2020年，所有学生收到的考试成绩单，将是用数字显示评级的。

新规则是一个戏剧性的转变，在广大学生、家长和老师对A*－G体系已经熟悉了几十年的情况下，改变评估方法，的确令许多人感到非常迷惑。由于新的评估方法，包括Progression 8很容易将高中（A-Level）入学阶段的学生、家长和教师搞糊涂，据报道，政府又花了£380,000到各个学校去"解释"国家考核新政策。[20]

英国虽然没有高考制度，但教学考试委员会多，而且教学大纲侧重点不同；再加上测试评估方式的变化，教师的工作压力极大。学生有时也会因为没有稳定的学习大环境，影响个人的正常发挥和健康成长。但好的一面是，学生是在平时积累知识，打基础；考试是分阶段进行，不是一次考试定终身。而中国学生加班加点，天天苦学，为的是高考那两天的一次性表现和发挥。最近国家教委也出台了新政策，改革高考科目设置和考生录取制度，也是为了适应新形势，促进学生全面发展。

---

[20] *The Telegraph* (24 Aug, 2017) "GCSE results day 2017: what is the new 9-1 grading system and why are so many students confused?" Available at: http://www.telegraph.co.uk/education/0/gcse-results-day-2017-new-9-1-grading-system-many-students/ [Accessed on 29 Sep, 2017]

第四节：

每个孩子都同样重要

　　英国教育有句老话，叫"Every Child Matters"，美国叫"No Child Left Behind"，其实和国产影片《一个都不能少》一样，都是一个意思。学生是学校一切工作的中心，无论学生的学习能力、程度、智商、肤色、贫富等差距如何，每一个学生都很重要，都是学校工作的重点。正因为如此，除了教师、行政人员和其他教辅人员以外，英国学校还雇用了许多其他种类的、在中国学校极少见到的教学人员，例如职业顾问（Career Adviser），特殊教育和残疾学生协调员（Special Educational Needs and Disabilities Coordinator，简写SENDCo），还有将英语作为附加语言的辅导员（English as an Additional Language Coordinator，简写EAL Coordinator），等等。

每个学生到了10年级，也就是15岁时，要有两周的社会实践经验。学校的职业顾问每年根据每一个学生的具体爱好、职业趋向等给这个年级的学生安排工作接收单位，帮助他们模拟练习面试过程并提高面试成功率，使学生及时接触真实社会，适应当前社会工作环境，全面发展。同时，职业顾问每年还为学生和家长组织一系列的研讨会，请专家来校讲解走入社会需要具备的技能，让学生了解自己喜欢什么，擅长什么，从而做出明智的选择。

同时，SENDCo的作用也非常重要。学生的情绪稳定与否？若不稳定，是什么原因？家庭状况如何？若有不同程度的残疾，是什么性质的？学校如何帮助克服困难？这些具体问题，SENDCo都要备案并提供信息和解决方案给各个任课教师，当然教师是要对这些敏感信息做职业保密的。每个学生在入学之前经过一系列的措施准确评估其学习概况和潜在的学习障碍，以确定校方的支持水平和力度。同时每年根据商定的评估周期对这些报告进行审查。如果学生的母语不是英语，学校会安排专人做一对一的课上及课下补课服务。

记得我从前班上有个女生耳朵听力不好，我就必须将她的座位安排在教室第一排，同时派一个教学辅助人员（Teaching Assistant）陪坐在她旁边，以确保她能听清楚，并跟上进度。另一个班有个学生是色盲，记得我每次上课前都要给她用浅黄色的纸张复印教学内容和习题，并且必须在复印时将字放大，纸张从A4放大到A3。如果偶尔因为自己工作太忙而没有顾上，上课时就会不断地默默自责自己的失误。

英国学校特别注重学生的精神健康、感情健康和心理健康。这部分被称为教导关怀（Pastoral Care），是学校很重要的一个环节。任何学生无论有什么问题希望单独与他人倾诉，学习上的还是个人生活上的，学校都设有专家每天在固定场所倾听、指导，并在对信息保密的同时给予相应的支持和帮助。同时，一周一次的PSHE（Personal, Social, Health and Economic Education）课程，作为国家教学大纲的必修课，帮助学生逐渐建立自我意识、家庭价值和社会价值，使年轻人健康、安全、高效和负责任地生活和成长。

专业学习也是有针对性的。每个学生是进步了还是退步了，教师有严格的跟踪记录，并定期审阅。每个学生，无论成绩高低，A还是D或U，都在原有基础上制定具体可行的预期目标（Predicted Targets），帮助并定期考核。如果哪个学生学习退步，或没有达到预期目标，教师就及时发现情况并采取措施跟踪指导。没有一个学生是被学校或老师忽视的，每一个都很重要。学生感觉到自己受到老师的重视和关心，平等对待，心理也自然健康。而学校定期组织的STEM（Science, Technology, Engineer and Maths）活动，更为学生提供将四门知识综合使用的机会，充分发挥他们的想象力和创造力，学生学习的热情很高。

为了支持社会公益事业，学生也经常自发组织义卖活动，利用课余时间将自己在家烤的蛋糕、点心等贡献出来捐卖。有些同学自发组织起来，自己设计制作塑料首饰，色彩鲜艳，非常抢手。义卖筹集的款项用来支持慈善机构，参与社会的发展进步。

第五节：

教育质量检查 (Ofsted Inspections)

Ofsted的全名是Office for Standards in Education, Children's Services and Skills，意思是"儿童服务和技能标准教育办公室"，也即"英国教育标准局"或"英国教育标准办公室"。它是英国政府的非部级部门机构，具有向议会提交报告的功能。Ofsted负责检查一系列教育机构，包括公立学校和一些私立学校。它同时还检查包括幼儿保育，收养儿童和寄宿培育教育的机构，以及教师培训，并规范一系列早期儿童的社会照料服务。Ofsted办公室的总检查由枢密院令（Order-in-Council）任命，因此成为官方的办事处。枢密令的命令是英联邦国家的一种立法。在英国，这项立法是以女王的名义正式提出的，并经枢密院（Queen-in-Council）的认可和同意。

1. 2005年以前的Ofsted检查

2005年以前，每个学校每6年检查一次，每次为期1周，并提前两个月通知被检查的学校或教育机构。这个政策受到教师和校长的批评，他们认为这样做大大地破坏了学校的正常运作；另外，给学校机会准备一个不真实报告，不切实际地反映学校的教学质量和管理。[21][22]

2. 2005－2012年之间的Ofsted检查

2005年9月，Ofsted下达了新的检查制度，提前通知被检查学校的时间从过去的两周缩短到两天，检查的时间段也从过去的一周缩短为2－3天；检查的频率从过去的每六年一次，缩短到每三年一次。在这个制度下，每所学校的校长和其他校内高层领导人，必须经常不断地完成和完善"自我评估表"，使校领导了解自己学校的优势和需要提高的领域。Ofsted的检查专注于学校的"中枢神经系统"，即校长和领导人员，检查他们如何管理学校；有什么措施和步骤来确保教学质量的不断提高。校长、副校长和其他学校管理层人员应该熟悉了解自己学校的"自我评估表"中的每一项内容。"自我评估表"是Ofsted检查中的重要文件之一，对评估校领导管理质量以及学校改善提高的能力至关重要。

21 McNulty, Bernadette (10 February 2004); "Teachers torn over inspection reform". *The Guardian*. London. [Accessed on 30 September, 2017]
22 Clare, John (10 February 2004). "Schools to get just 48 hours' warning of Ofsted visits". *The Telegraph*. [Accessed on 30 September, 2017]

Ofsted在对学校检查完成以后，将在其网站上公布该学校的检查报告。报告的领域涉及四个方面：学生的达标情况，教师的教学质量，学生的纪律表现和安全，校长的领导能力和管理力度。除了对这四个领域进行书面评论外，学校在整体上的评估划分为四个级别：1（优秀），2（好），3（满意）和4（不足）。被评为"优秀"或"好"的学校有可能在今后五年内不会再被检查，但也不一定；而学校评估较差的学校会被检查得更加频繁，并且很可能不提前通知便随时进入学校。2010年3月发表的数据显示，Ofsted 在2009年9月引入"修订检查标准"后导致被评为"优秀"的学校从19%降至9%，而被评为"不足"的学校从4%增加到10%。[23]

3. 目前的Ofsted检查状况

2012年1月，国家引入了第5项对学院（Academies）和其他国家公立学校的检查监督框架，并于2012年9月取代另一个检查监督框架[24]。其中一个变化是：新制度将原来的"3（满意）"类别更改为"3（需要提高）"，目的是期望学校提高其管理和教学质量，而不是停留在"3（满意）"这一水平，停滞不前。

有时学校会在一个或多个领域被Ofsted评估为"4（不足）"。如果Ofsted的检查人员认为该校在没有外来帮助的情况下，没有能力改进提高的话，这种学校会被

---

[23] "More schools are failing Ofsted checks". BBC News. 10 March 2010. [Accessed on 30 September, 2017]

[24] Ofsted, Available at https://en.wikipedia.org/wiki/Ofsted, [Accessed on 30 September, 2017]

纳入"特殊测量"阶段。得到"特殊测量"评定的学校会得到频率更高、密度更大、强度更猛的监督审查，直到Ofsted认为学校不再是"不足"为止。在此期间，当地政府有可能给予学校额外的资金帮助。此外，接受"特殊测量"的学校校长和高级管理人员，以及教职员工可能会被解雇，校理事会被指定的"临时执行委员会"所取代。Ofsted检查人员只给认为有改善能力的学校发出"改善通知书"。

据英国最新报道㉕，Ofsted发布了在2017－2022年间的五年计划，制定了新的教育战略政策。其中有条文规定，对评为"1（优秀）"的学校，包括多学院信托公司（Multi Academy Trusts），Ofsted也将实施更多更频繁的检查，并在原有四个领域的监督考核基础上，再加一项"社会流动性计划"考核领域。关于社会流动性的意思是：学校在帮助弱势群体的孩子方面做得如何？学校怎样确保弱势群体的学生在社会流动战略中受益？并提出两套检查班子检查教育质量的意向。

㉕ Adi Bloom, *TES* (29th September 2017) "Ofsted: A rethink on lesson observations, and eight other plans revealed today" Available at: https://www.tes.com/news/school-news/breaking-news/ofsted-a-rethink-lesson-observations-and-eight-other-plans-revealed [Accessed on 1 Oct, 2017]

第四章
中英教育之比较

第一节：

中式教育为什么会引起英国教育界的重视？

　　最近这几年，经常在英国教育界和其主流媒体上看到这样的报道："北京第一次注册参加PISA考试，中国学生成绩称霸"[26]；"谁是世界上最聪明的孩子？PISA测验结果揭示出谁正在崛起，谁正在衰落"[27]；"经合组织说，上海青少年在国际教育排行榜中排名第一"[28]；"上

---

[26] William Stewart (26.8.2014) "PISA: Chinese dominance set to grow as Beijing enters tests for first time" Available at: http://studyandexplorechina.weebly.com/pisa-chinese-dominance-set-to-grow-as-beijing-enters-tests-for-first-time.html [Accessed on 4 Oct, 2017]

[27] Sean Coughlan, BBC News (December 03, 2013), "Who are the smartest kids in the world? The Pisa tests reveal who's rising and who's falling" Available at: http://learningboosters.blogspot.co.uk/2013/12/who-are-smartest-kids-in-world-pisa.html [Accessed on 4 Oct, 2017]

[28] Sophie Brown, CNN (December 3, 2013), "Shanghai teens top international education ranking, OECD says", Available at: http://edition.cnn.com/2013/12/03/world/asia/pisa-education-study/index.html [Accessed on 4 Oct, 2017]

海教学方法可以在四年内提高英国教学业绩。专家表示，使用上海数学教学方法授课，英国学生有可能很快将在国际联赛榜上由现在的第26位提升排名"㉙……这方面的文章铺天盖地，全都是关于中国上海中学生参加PISA国际考试，并获得全能冠军的事。

PISA考试分数学、科学和阅读三项测试。在2009年的PISA测试中㉚，上海学生拿了三个世界第一，分别是：数学600分，科学575分，阅读556分。而当年的平均分是：数学496，科学501，阅读493。与此同时，英国学生的成绩不佳：数学492分，排名28；科学514分，排名16；阅读494分，排名25（表4-1-1）。反思自己，英国人认为其教育在四年内停滞不前。就连美国人也吃惊地发现自己15岁的孩子被中国上海的同龄学生远远地甩在后面。

表4-1-1：2009年中英PISA成绩比较

	中国	英国	平均分
数学成绩	600	492	496
排名	1	28	
阅读成绩	556	494	493
排名	1	25	
科学成绩	575	514	501
排名	1	16	

㉙ Sally Weale, *The Guardian* (26 Nov. 2015) "Shanghai teaching method could improve UK results within four years" Available at: https://www.theguardian.com/education/2015/nov/26/shanghai-teaching-method-could-improve-uk-results-within-four-years [Accessed on 6 Oct, 2017]
㉚ "Reading & Reacting: BBC Radio 4 – PISA – Global Education Tables Tested" Available at: https://haaslearning.wordpress.com/2013/11/27/reading-reacting-bbc-radio-4-pisa-global-education-tables-tested/ [Accessed on 4 Oct, 2017]

　　而在2012年的又一次PISA测试中[31]，中国上海再次
夺得了全能冠军，数学613分，科学580分，阅读570
分。在同年的测试中，英国数学494分，排名24；科学
514分，排名13；阅读499分；排名22。总分排名为：
中国全能第一，英国第26名（表4-1-2）。

表4-1-2：2012年中英PISA 成绩比较

	中国	英国	平均分
数学成绩	613	494	494
排名	1	24	
阅读成绩	570	499	493
排名	1	22	
科学成绩	580	514	493
排名	1	13	

　　那么，什么是PISA？它到底测试什么？为什么PISA
会对教育有如此大的影响和震动？为什么PISA受到国际
教育界的高度重视？

　　PISA的英文全名是Programme for International
Student Assessment，中文意思是"国际学生评估项
目"，是一项由经济合作与发展组织（Organization
for Economic Co-operation and Development，
简称OECD）发起的，全球范围的研究项目。研究对象为
成员国和非成员国中15周岁的在校中学生，考察他们在

---

[31] Joe Weisenthal (Dec. 3, 2013) "Here's the new ranking of top countries in reading, science, and math" available at: http://www.businessinsider.com/pisa-rankings-2013-12?IR=T [Accessed on 18 April, 2018]

数学、科学和阅读上的水平和能力，并进行全球教育研究和比较。PISA在2000年进行了首次全球测试，之后每三年重复一次。PISA的目的是为了给各个参与国提供可比较的数据，使各国有针对性地改进其教育政策，提高教育成果。

PISA是在更广泛的背景下，通过对学生的调查，达到在国际共同框架内对国家监测教育系统业绩的定期评估；PISA提供有效的信息，加强国家内部以及国家与国家之间的了解和比较。PISA不仅仅是测量学生的知识，更是检查学生如何利用现有信息来处理和解决问题，并具有理性沟通的能力。例如，测试的阅读部分要求学生阅读一个文本，然后加以分析和反思，并进行多项选择和书面答卷。PISA旨在测试学生对付现实世界中遇到的困难和问题时的应变能力，因此，它衡量的是学生的认知能力和日常生活中解决问题的能力。

由于英国学生在PISA考试中表现不尽如人意，为了进一步提高教学质量，英国政府采取了一系列的新措施，作出了一系列的改革步骤，其动作惊人，令人震撼。一时间社会舆论哗然，褒贬不一。英国政府学习上海教学方法和理念的具体措施有以下四点：

1. 英国教育部高层访问，参观学习上海教育

对中国数学的教学方法，英国教育部早有重视。2014年2月，英国教育大臣率领代表团访问了上海，目的是从上海和其他远东地区学习他们如何教授数学的经

验[32]。这包括吸引招聘数学专家进入师资队伍；开展数学教师培训，并将现有优秀数学教师提升为数学专家；协调和提供优秀的数学课程和授课经验。不仅如此，中英两国教师和学校间的交流学习也非常频繁。2014年9月，来自英国的71位顶尖数学老师前往上海，与当地的交流伙伴学校互动互访。英国教师花了两个星期的时间观摩上海优秀教学示范课，并和教师和学生进行座谈和讨论，学习上海先进数学教学方法。[33]

2018年元月底英国首相特雷莎·梅对中国进行了为期三天的国事访问。该访问进一步加深了中英"黄金时代"的友好关系。在教育领域，中英两国将继续扩大数学教师的教学交流活动，并在中国推广英语学习运动。

2. 在全英国建立了32家"数学中心"（Maths Hubs）

前英国教育部长在2013年12月发起了一个全国范围内的数学网络中心（National Network of Maths Hubs），旨在寻找追赶日本、新加坡和中国等东亚国家高标准数学教育的方法。这32家数学中心（Maths Hubs）分布在英国各地的中小学，带领当地其他学校数学教育的发展。

---

[32] *The Independent* (18 Feb. 2014) "Education minister Elizabeth Truss to travel to Shanghai to find out secrets behind maths success"; Available at: https://www.independent.co.uk/news/education/education-news/education-minister-elizabeth-truss-to-travel-to-shanghai-to-find-out-secrets-behind-maths-success-9135322.html

[33] *South China Morning Post* (19 Sep. 2017) "British maths teachers enter Shanghai classrooms to study learning techniques"; Available at: http://www.scmp.com/news/china/society/article/2111844/british-maths-teachers-enter-shanghai-classrooms-study-world

"数学中心"不仅仅是在数学教学方面领先的学校，它更像是一个数学网络的领导机构，带领本地区学校和其他组织的数学教育，巩固其专业知识，提高教学质量。据报道[34]，教育部还拨款1100万英镑以支持和资助英国各个学校学习并运用上海数学教学中的"精通教学法"（Mastery Approach）。

那么，什么是"精通教学法"（Mastery Approach）？国家卓越数学教学中心（National Center for Excellence in the Teaching of Mathematics）是这样解释的[35]：这个方法目的是为了给所有学生提供充分有效的数学教学课程，使他们建立对数学的信心和能力，熟练掌握和运用数学规律，以防止在发展学生的数学技能方面失败。并指出，与英国15岁学生相比，用"精通教学法"教出的学生，其平均数学水平超过同龄学生三年的时间。他们认为，这个方法充分、有效，使学生建立对数学的信心和能力，并使学生能够熟练掌握和运用数学规律。在英国，一节课好坏的评定是看教师是否在课堂中使用了不同的教学方法和教学活动；同时看学生在课堂中是否取得进步。而在上海，课堂上学生充分学习并掌握一个关键定律和解题方法是授课的重点所在。

---

[34] GOV.UK Press release "Network of 32 maths hubs across England aims to raise standards"; Available at: https://www.gov.uk/government/news/network-of-32-maths-hubs-across-england-aims-to-raise-standards [Accessed on 6 Oct 2017]
[35] National Center for Excellence in the Teaching of Mathematics (October 2014) "Mastery approaches to mathematics and the new national curriculum"; Available at: https://www.ncetm.org.uk/public/files/19990433/Developing_mastery_in_mathematics_october_2014.pdf [Accessed on 8 Oct 2017]

"数学中心"将与上海师范大学和英国国家数学教学中心合作，共同开展此项计划。2014年下半年，来自上海的50位教师将进入到"数学中心"所在各个中小学校，教授学生数学课，并举办"教师大师班"，分享其备课方案、教学方法和教学经验。"数学中心"的宗旨是贯彻"精通教学法"。英国教育部正式宣布[36]，在今后的4年中，资助"数学中心"4,100英镑的资金，用于支持8,000所小学在数学教学上的一系列项目和活动。

3. 上海数学教师分三批走进英国课堂，英国全面学习上海数学教学方法

上海数学在英国受到极高的评价。为了进一步学习上海先进的数学教学方法，英国教育部分三批，每批30－60人，引进上海数学教师来英国中小学授课。就这样，上海数学教师飞进英国数学课堂。第一批在2014年11月，第二批在2015年2月，第三批在2015年11月；每批上海教师在英国授课交流的时间为三周左右。他们在30多个"数学中心"中提供大师级课程班培训，并以此为中心建立"精通教学法"教学方法网络。英政府对中英数学学习交流计划延期到2020年[37]。2018年3月，又有一批英国校长和骨干教师去上海学习交流，在此期间，将有更多的上海教师来英国访问、教学。

---

[36] GOV.UK Press release, "South Asian method of teaching maths to be rolled out in schools"; Available at: https://www.gov.uk/government/news/south-asian-method-of-teaching-maths-to-be-rolled-out-in-schools [Accessed on 8 Oct 2017]

[37] *TES* (30 Jan 2018) "Maths teacher exchange programme with China to be extended" Available at: https://www.tes.com/news/maths-teacher-exchange-programme-china-be-extended

4. 引进上海数学教科书

我在2017年3月的英国报道中了解到，中国数学教材将被翻译，并引入在英国小学使用。据悉，上海教学方法能提高英国学生的数学成绩，而引进课本会加强学习效果。英国出版社的总裁称此举史无前例，因为把为中国学生设计的、给中国学生使用的教科书原模原样地翻译成英语出版，并在英国学校销售和使用，这在历史上还是第一次。上海数学系列教科书将作为众多教学资料的一部分，覆盖英国从小学1年级到中学11年级的整个教学课程[38]。从2017年9月开始，英国各中小学全面使用上海数学教材。此前，36套数学系列教科书已经翻译出版，该丛书已经被国家卓越数学教学中心使用。

但实际情况并不这么简单。有报道指出[39]，到目前为止，只有一版数学教科书得到英国政府的批准，作为其4,100万英镑数学"精通教学法"课程的一部分，在全国推广。这本书，叫做*Maths — No Problem!*（《数学一没问题！》）。上海的《一课一练》数学教科书并不在被批准的名单中。这个结果，与教育部计划推广4-5版此类教科书的预想相差很大。英国教育部发布的新闻表示，在2017-2018学年之间，会在另外一个审查小组的领导下，再一次评判"精通教学法"教科书，并公布审核通过

[38] J. Farrington, *The Bookseller* (3 Feb. 2015) "Shanghai Maths textbooks from Collins"; Available at: https://www.thebookseller.com/news/shanghai-maths-textbooks-collins [Accessed on 20 Oct 2017]

[39] B. Camden, *School Week*, (21 Jul. 2017) "Single textbook approved for Maths mastery teaching"; Available at: https://schoolsweek.co.uk/single-textbook-approved-for-maths-mastery-teaching/ [Accessed on 8 Oct. 2017]

的名单。

来自于英国的*Maths — No Problem!*课本，展现出教师的"精通教学法"教学方法，以及与学生共同进步的教学理念。另外，上海和英国一家出版社合作推出的系列数学教科书《真实上海数学》（*Real Shanghai Mathematics*），共36册，更是原汁原味的、从中文直接翻译成英文的上海公立小学使用的教科书。

在使用上海课本教学方面，英国的反对意见也很大。毕竟，这种数学教学方法，对他们来说，还是第一次；学校也将面临更艰巨的挑战。有反对意见认为，中国学校是考试工厂，为什么英国还想复制他们？如果中国学校如此神奇，那为什么中国大陆家长还是考虑把孩子送到海外学习呢？为什么不留在家里，轻松完成学业呐？

这也难怪，因为英国本来就不是一个盯着课本教学的国家。拿科学课来说，教师以国家教学大纲为教学主线，参照不同的教学内容使用不同的教科书或辅助资料。所以在我的实验室里，会堆积好几套不同的教科书，我自己根据需要使用。很多时候，我也会根据情况给学生设计自己的学习资料，或者是从互联网上下载相关资料做辅助，以适应班上学生参差不齐的学习能力。在英国教育网站上，可以找到很多来自英国各地其他学校的教师上载的备课方案和练习题，有的设计得特别优秀。

在这种教学文化大环境下，鼓励英国教师使用课本授课，甚至是使用中国上海的课本授课，阻力是比较大的。

我看到报纸报道⁴⁰，到2020年，将只有不到十分之一的教师在课程中使用教科书授课，而且使用频率小于其授课课时的一半。政府为此提供了配备资金，鼓励提高教科书的课堂使用频率。但是学校经费紧张也是造成教科书使用率下降的一个主要原因。

　　与此同时，教师工会认为英国教师的工作量太大。例如小学教师，每天从早到晚都是课，课表排得满满的，没有休息课时；而且英语、算数、体育、美术等，什么科目都要教，根本就是个万金油！所以有的教师抱怨说，如果像上海教师一样，一天只上两节课，教学质量一定提高。为此，英国教育大臣表示，学校可以学习上海，但必须适应我们自己的情况；上海教师课时负担轻，备课时间长，是上海的奢侈品，显然我们不能把整个包装都搬进英国教室。也有英国教师认为，中国数学教学成功的原因来自于对教师的尊重，希望政府也考虑引进这些做法。

　　由于国际上很多人认为上海不能代表中国，对从前的PISA排名有质疑，所以在2015年的PISA测试中，我国其他地区的学生，包括北京市、江苏省和广东省的学生，也加入了上海学生的队伍，一同参加了PISA考试。这年中国成绩下滑。成绩为⁴¹：中国学生数学第6名，英国第27名；中国学生科学第10名，英国第15名；中国学生阅

⑩ Helen Ward, *TES* (29th September 2017) "Exclusive: Less than one in 10 teachers set to use textbooks in most lessons by 2020" Available at: https://www.tes.com/news/school-news/breaking-news/exclusive-less-one-10-teachers-set-use-textbooks-most-lessons-2020 [Accessed on 9 Oct, 2017]

⑪ http://uk.businessinsider.com/pisa-worldwide-ranking-of-math-science-reading-skills-2016-12 [Accessed on 18 Apr, 2018]

读第27名，英国第22名（表4-1-3）。而新加坡学生考试成绩历年保持稳定，并名列前茅，2015年又是全能第一名，国际认可度较高。有人担心，如果将所有省份都包括在内，中国排名可能会进一步下降。

表4-1-3：2015年中英PISA 成绩比较

	中国	英国	平均分
数学成绩	531	492	490
排名	6	27	
阅读成绩	494	498	493
排名	27	22	
科学成绩	518	509	493
排名	10	15	

综上所述，英国政府在学习东方教学方法，尤其是学习上海数学先进教学经验和教学方法上，采取了很多具体措施，可以说是下了很大的功夫的。中英教育学习和互动越来越多，蓬勃发展，欣欣向荣。

第二节：

英国两种相互矛盾的教育理念

　　一提起英式教育，人们不禁联想到"快乐教育"。小班上课，学生作业少，自由自在；教学方法灵活，以学生为中心；学生在玩中学，学中玩。作为教师，我们的工作可不像说的那么简单。每个学校的任课教师都必须按照 Ofsted 的检查标准来衡量自己，衡量每一堂课的好坏。

　　当校长走进课堂观察教学效果时，他观察的是学生的学习进步情况，而不仅仅是教师的教书情况。一节优秀的教学课，不仅包含高水平的专业知识和教学技巧，还照顾到不同学生的学习能力，使学业优秀的学生在课堂上得到更深知识的挑战；学习吃力的学生掌握基本知识要领；全班学生都达到课堂制定的目标，掌握知识和技能。所以校领导走进课堂，看到的应该是学生在学习上的进步——可测量出来的进步。如果教师发现学生没有取得应有的进步，应该考虑下一课采取什么样的行动计划，以改进教学方案。最常见的误区是教师不通过学生在作业中反映出来的错误来改进自己的教学计划。教师必须清楚地了解每一个学生都学到了什么，下一步怎么确保他们继续进步。因此，寻求完美的Ofsted标准课就成为我们教师工作的重要组成部分之一。

这种课程通常从一个开场白（Starter）活动开始，这个活动以吸引学生注意力和激发他们的好奇心为目的。设置的问题，有的没有标准答案，只是将学生引入思考而已；有的则是激发学生好奇心，引导学生进入主题（图4-2-1：开场白：猜字游戏）。制定学习目标，描述学生在一节课结束之前应该学到什么知识，也非常重要。这时进入课程的主要阶段，安排的任务为一系列具有挑战性的实践活动，让学生在协作中发现和学习。最后，全班总结学习成果，反思进展情况，为下一堂课提供规划。据称，良好的合作活动可以为学生提供思考和讨论的机会。在课堂上不断地评估学生的进步是杰出课件的重要指标。

图4-2-1：开场白：猜字游戏

　　这就是在英国所提倡的"以学生为中心"的教学风格。这个教学策略认为：学生只有在已有知识的基础上，才能学习和理解新知识。学生利用他们已经知道的知识来观察、解释新现象，并整合、构建他们发现的内容，学习掌握的新知识才最牢靠。教会学生如何思考问题，并用创新思维去解决问题，是"以学生为中心"的教学主导思想，宗旨是教会学生科学的学习方法，提高学生的"软实力"。

　　"以学生为中心"的教学方法需要教师在授课时安排很多项目的活动，并让学生自己动手，设计方案，解决问题。其宗旨是既要培养学生的综合实力，又要生动有趣。有特殊要求的学生，例如英语不是第一母语的，或学习有障碍的，一定要有针对性的、分层次的备课方案，确保尖子生学到更深更难的知识，中间部分的学生掌握国家要求的知识内容，弱一点的学生学到了本节课的基本概念或关键词。所以我每次备课，准备的学习资料是按三个级别来准备的，一堂课好像是三堂课一样，感觉非常辛苦。但是，对于学生来说，"以学生为中心"的教学方法强调的是提高学生的技能，即分析问题、解决问题的能力，也就是人们常说的"软实力"（图4-2-2：软实力）。

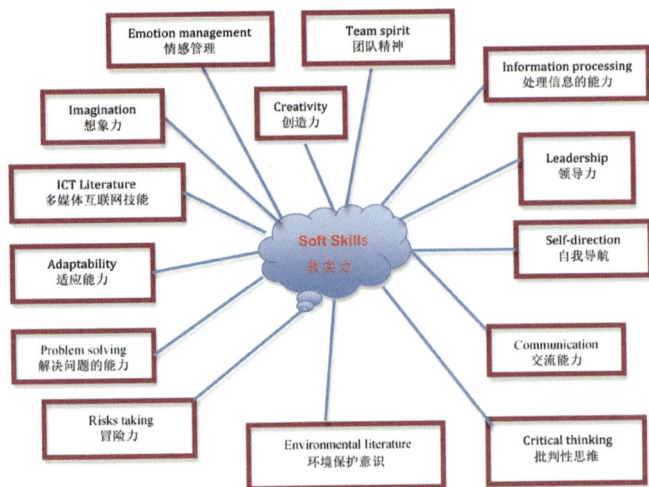

图4-2-2：软实力（Soft Skills）

英国教育讲究的是培养学生的开放性思维能力，坚持"授人以鱼不如授人以渔"的理念，在提高学生的"软实力"上下功夫。所谓软实力，也是就业能力，是当今许多雇主最看中的能力，包括：创造力，独立思维和批判性思维能力，语言表达和交流能力，自律能力，与他人的合作能力，以及是否自信等综合能力。雇主对这些技能的要求也越来越高。所以，优秀的学习成绩只是立足于社会的必要条件，而不是充分条件。中国学生文理科分科太早，导致基本人文知识，地理、历史知识，以及世界文学知识略为匮乏。表现出来的便是看问题比较单一，理解不够深入等。

但是，根据我个人的经验体会，我认为：如果过度使用"以学生为中心"的教学方法，课堂也会变得僵硬和机械化；而且教师失去了教学自主权，限制了他们的创造力。教学风格体现教师个人性格，具有一定的独立性。当老师在年龄、性别、个性、文化背景和教学专业都有所不同时，要求每个老师用同样的模式教书，我认为是不够科学的，很容易把教师变成了教学舞台上的表演者。一点一点地，老师的自主权被剥夺，而教书工作也逐渐演变成类似工厂生产车间的程序操作。同时，学生也会感到很累，情绪激动，课堂气氛热烈，缺乏安静和平和，影响教学秩序。特别是性格内向的学生，这种学习方式不一定适合他们。

现在在英国有一股新的教育浪潮，是以学习掌握基本知识为宗旨的教学方法。该方法鼓励使用传统的教学方法，使用教科书教学；提倡和弘扬具有知识深度的教学大纲和严格的课堂纪律管理制度。这就是人们通常所说的"以教师为中心"的教学风格。该教学方式的典型风格表现在：老师站在课堂前面，讲解和解释知识，学生坐在下面听，认真领会；老师拥有知识并传播知识，学生接受和获得知识；老师具有权威性，学生在课堂遵守纪律，尊重老师。

在中国，成功与否主要取决于孩子自己的努力。下功夫学习的责任在学生身上，不在老师身上。而在英国，教师对孩子的成功负全权责任。这就助长了学生对教师的过分依赖。一有问题，就说"不是我的错"。学生非常清楚自己的权利，却不善于担当自己的责任和义务。教师的职业尊严受到极大的挑战，自尊心受到严重的伤害。

每年夏天学生的GCSE／A-Level考试成绩，不仅是对学生的评判，也是对教师教学质量的评判。教师平时跟踪学生，密切注视他们的进步；牺牲周六与家人团聚的时间给学生补课；发送信件，邀请学生参加补课。这一切都是为了确保学生成功。学生的成功，与教师的成功紧紧绑在一起。

把教学的自主权还给教师，尊重教师的职业尊严，使老师敢于挑战学生课堂上的不正当行为和态度，对于提高教学质量，就显得非常重要。我在接受记者采访时曾听到这样的评论："中国教师严厉冷酷，学生难学到东西。"真的是这样吗？

上课遵守纪律，尊敬老师和同学，这是最基本的校规，也是我们中华民族的传统美德。儒家价值观认为挑战老师是不尊重师长的表现。学生应该尊重老师，过度在课堂上挑战教师的权威，将阻碍其他学生的学习，也阻碍老师的正常教学。

中国人弘扬集体主义精神，要谦虚谨慎，戒骄戒躁。英国人更强调个性发展，主张个人主义，他们通过与同行竞争来提高自我，并根据个人的雄心作出决定。所以，对英国人来说，尊敬师长、尊老爱幼的观念淡一些；老师和学生平等，家长和子女平等的观念更浓一些。我在英国多年的教学当中，在这方面体会很深。学生不会因为我是他们的老师和班主任而尊敬我，相反，他们会用各种各样的小把戏来试探我处理问题的能力和耐心的极限。每个新来的老师，不管男女老少，经验多少，都要经过这个过程。如果老师能力强，专业知识水平高，能及时处理纪律问题，保证课堂秩序，并有能力在具有挑战的环境中传授知识，将班上的学生教出 A/A* 的成绩来，学生才服你，并对你有信心。只有学生对老师有信心了，老师的日子才可以好过一些，因为纪律也就自然好管一些了。

有时我们会发现，同样一个学生，在一个老师的课堂上很调皮，很难管；但在另一个老师的课堂上却很守纪律，很认真地学，考试成绩也因此大相径庭。这种区别是由学生对老师的信心程度不同决定的。如果学生认为老师教得好，纪律管理能力强，学生能学到东西，他们就服，愿意与老师配合。否则，老师忙着管教调皮的学生，没时间和精力关心自觉的学生；同时课堂教学进度缓慢，学生学不到太多东西，最后会导致全班学生的反抗和拒绝。所以严格的老师不仅学生尊重，同行们也会尊重，而且威信高。而管不住学生的老师通常会很被动，自信心下降，有的甚至被迫离开教学岗位。

"有些人认为，如果老师对学生非常好，学生会更喜欢他。通常情况并非如此。我们更喜欢可以控制住学生的老师，他们有能力让全班学生把精力放在学业上。我们学校的老师对待我们相当公平，但也有少数老师不公平的。他们可能偏爱一些孩子，但大多数老师是没有偏见的。"

——学生 K，男，14 岁

如果教师没有能力管住纪律，时间久了，自觉好学的学生也会不再尊敬该老师，甚至开始在课堂上故意找麻烦，给老师难堪。在这种情况下，老师很容易接到家长的抱怨信，而且是来自被广大师生普遍认为是优秀学生的家长的抱怨信。校长介入处理，教师的自信心和工作安全感大打折扣。所以家长也希望自己孩子的老师严厉一些。

"是的，我非常希望学校有能力严格要求学生，包括我的女儿，以帮助他们建立良好到纪律规范、行为规范；教他们相互尊敬，管理好自己的事务。这样才是好行为，这样才是好学校。"

——学生家长

所以一个好教师，首先一定要是一个严厉而公平的老师，英语叫做"Strict but Fair"，意思是说，虽然严格，但必须公正，不能对学生有偏见或在处理问题时有不公行为。无论再忙都要说到做到，不能只说不做，因为学生的观察力是非常强的，如果只是在课堂上说，下课不兑现，教师的威信和说服力就明显下降，不再被尊重。学生尊重公正严格的老师，这样天性乖巧的和天性调皮的学生才能在一起共同学习进步，谁也不影响谁。要不然的话，就连好学生的家长也要向校长写抱怨信质问老师能力问题了。因此，严厉而公平的老师，才是能长期战斗在教学第一线的优秀教师。

尽管英国脱欧对当前经济和政治局面有一定影响，但英国政府还是从财政上坚定地支持上海、新加坡的数学教学模式，鼓励"以教师为中心"的教学方法。目前已经在全英国建立起了60多家"数学中心"（Maths hubs），投入了4,100万英镑，包括购买上海小学生数学练习题教科书，在今后四年中，提高英国数学教学效果，培养会运用东方数学教学方法教授课程的高级数学教师。同时，英国教育部自2014年起，先后三次引进上海数学教师来英国中小学交流学习，帮助英国教师提高其数学教学水平。这些步骤和措施，就是向"以学生为中心"的教学方法的大胆挑战，鼓励和支持"以教师为中心"的教学方法。虽然遭到了一些校长的反对，但也有很多支持这一政策的教育专家和校长。目前，这两种教学理念在英国教育界平行共进，同时在教学实践中运用和发展。

支持"以学生为中心"，反对"以教师为中心"教学方法的人们认为：教育的目的是为了提高学生的软实力，提高学生的创作力、革新能力，和发现问题、解决问题的能力。教育的目的不是为了应试，考高分和不停地给空瓶子里添水。如果是这样，那教育本身就失去了其真实的意义。教育是为了点燃学生的火焰，开发潜力，实现他们人生的最大价值。

而支持"以教师为中心",反对"以学生为中心"教学方法的人们认为:西方教育似乎已经进入了一种纯粹的创造教育模式,乐趣和游戏是教学的方向;而东方教育却是实实在在地打好基本功,记忆和掌握基本知识。纪律是一回事,但学习尊重知识、尊重掌握知识的人,是非常重要的。中国儒家思想原则是培养内在力量和永不放弃的决心。

英国人发现压力也是动力,光有兴趣,没有压力,孩子学习动力不足。而英国的精英教育,并不是什么快乐教育或"放羊式"教育,而是跟中国一样的苦读教育。优秀的私立学校,课堂纪律不见得比中国差。这倒不是因为老师制定了什么规则,而是几百年文化积淀下,学生自然而然养成的品质。在我参加的许多教育论坛上,有幸听到以下来自家长和教师的各种声音。

"在美国,一个不去辅导班补课,不花大价钱去学习才艺,参加社会活动,丰富自己履历的孩子几乎没有可能进入名牌大学。"

"对不尊重老师感到难以置信。更少的学习,更多的游戏,更宽松的管理,实际上意味着如果要想挤入社会精英,你需要更自律,更多的课外辅导和更多的社会资源。"

"一些人常拿英美公立学校来做素质教育的模板,强调快乐学习,强调减压,结果造成了公立教育在内容上的缩水，质量上的下降。中国老师一言堂，满堂灌，系统性强，进度快。"

那么，这种争论会有结果吗？"素质教育"就是"快乐教育"吗？看来其中的学问很深，很广，仁者见仁，智者见智啊！只要我们不走极端，从中找到平衡，做到最好，就可以了。

第三节：

中英教育之比较

　　"好成绩 → 好大学 → 好工作 → 好收入"的思想是否还适应当今社会发展的新形势？21世纪的新时代需要什么样的人才？年轻人将面临怎样的挑战？如何在学校做好准备？教育目的决定教学方法，教学方法服务教育目的，两者相辅相成。优秀的学习成绩只是立足于社会的必要条件，而不是充分条件。这也是当今教育工作者所面临的挑战。

　　毫无疑问，英国和中国在教学理念和教学方法上还存在着很大的不同之处。英式教育通常在课堂上使用的具体方法有：

- 开场白和总结（Starters and Summaries）
- 游戏（Game playing）
- 角色扮演（Role playing）

- 玩卡片（Cards playing）
- 上网站查资料（Search information online）
- 通过音乐和唱歌学习（Learning through music and songs）
- 看录像和制作短片（Watch videos and make video clips）
- 科学探讨研究（Scientific investigations）

英国弘扬"学生主导"的教学方式，又称"以学生为中心"式，也被人风趣地称为"放羊式"。老师启发学生，学生自己动手做实验，找答案。提倡学生通过调查研究，小组讨论，查询资料，项目设计，课题辩论等方式学习知识。他们认为，学生自己找答案，可以提高学生的团队合作精神，学习不枯燥，而且帮助学生建立自信，让他们积极融入到教学活动中去。英式教育强调学习的趣味性，鼓励学生在玩中学，学中玩。教师在课堂上只起到推动学生学习的作用。

传统的中式教育是"教师主导"的授课方法，即"以教师为中心"的方法，俗称"填鸭式"教育。教学方法通常是以老师为中心的满堂灌教学方式。教师站在课堂前面讲，学生坐在下面听。教师是知识的传播者，学生是知识的接受者。尽管近些年来许多地方和学校，特别是沿海地区和国际学校提倡"学生主导"或"以学生为中心"的教学方式，但典型的中式教学方式，即"教师主导"或"填鸭式"的教学风格仍占主流。

哪一种教学方法更好？教师是否可以根据学科不同，

或同一学科章节内容的不同而有权自由选择教学方法呐？这种辩论我在从事教学工作时看到的并不太多。以学生为主导的"放羊式"是英国的主导教学方法，提高"软实力"是英国教育的指导思想。因为知识是可以在互联网上搜索到的，而学生的"软实力"，包括想象力、创造力和交流能力等，却不是能够通过互联网搜索学习掌握的。因此，提高学生软实力是英国学校教学的指导思想。爱丁堡公爵奖（The Duke of Edinburgh's Award）和STEM（Science, Technology, Engineering and Mathematics）更是英国政府提高学生软实力的重要实例项目。

爱丁堡公爵奖是用来鼓励青少年完成一系列自我提高和完善项目，并表彰年轻人克服困难、实现目标的英国青年奖。爱丁堡公爵奖由英国爱丁堡公爵菲利普王子在1956年创立，现已扩展至144个国家。涉及的领域有：志愿服务：为家庭或社区服务；运动：提高体育、舞蹈或健身技艺；技能：发展提高个人语言、社会社交能力；远征：策划、训练和完成在英国或国外的冒险旅程。

STEM教育是将科学、技术、工程和数学结合为一体的综合教育计划，旨在培养学生动手、创新和综合运用科学知识的能力，加强学生逻辑推理和团队协作精神。近来，在原有四科的基础上又加入了Art（艺术）学科，使得多个学科相互融合，所以又称为STEAM教育。还有一种最新的提法，即将E看作是Entrepreneur，也就是培养和鼓励学生做企业家的思想和技能。

中式教育，主流还是传统的"教师主导"式或"填鸭式"，迎合了国人这样一个思维路线：好成绩 → 好大学 → 好工作 → 好收入。这个思路，也是学生用功学习，家长不惜一切代价支持孩子教育的主要原因。但是，在21世纪的今天，"学而优则仕"的传统观念受到了极大的挑战。当今世界发生了巨大的变化：国际经济一体化，将世界竞争的平台铺开。学生面临的竞争不再是局部的、国家内部的竞争，而是变得越来越国际化。"两耳不闻天下事，一心只读圣贤书"的时代一去不复返。数字教育，将虚幻现实带到课堂，学生可以在任何地方、任何时候学习任何自己需要的知识。社会对人才的要求不再是高分和一纸文凭，而是具有创新意识和能力的、具有优秀文字沟通能力和语言表达能力的发明创造者。在数字时代，上一个好大学只是找到好工作的必要条件，但不是充分条件。而且，拥有一个所谓的好工作，也不像以前那样，是个终身职业。旱涝保收的职业年代过去了，人们经常会因为各种各样的原因更换职业，或临时失业。关键问题是如何再次调整自己，找到新的出路。这对年轻一代是个挑战，尤其是精神上的挑战——他们父辈没有经历过的挑战。很多人认为教育只发生在校园里，接受教育只是年轻人的事，这种观念还没有跟上数字时代发展对人才要求的新变化。

21世纪的今天，教育的目的发生了变化："不断学习"，"学习不仅仅是发生在校园里的事"，以及"活到老，学到老"的理念，才是适应现今社会发展的指导思想。英式教育，看到了这个本质，教学方法是适应21世纪时代变迁的新方法。也就是说，教育目的的不同决定了教学方法的不同。

那么，20世纪和21世纪的教育景观到底有什么不同呐？作者经过大量阅读和研究，总结如下（表4-3-1：20世纪和21世纪教育之比较）：

表4-3-1：20世纪和21世纪教育之比较

20世纪	21世纪
填鸭式	启发式
满堂灌	探索发现
以教师为中心	以学生为中心
在课堂上，教师是权威的象征	在课堂上，教师只起到主持人的作用
以课本为主，学生在教室里埋头苦学，题海战术	以科研为主，学生在图书馆和互联网上查资料，做研究
记忆背诵验证公式定律	灵活运用公式定律的能力
学生的考试成绩代表一切	学生的综合素质，包括语言交流能力、团队合作能力、批判性思维能力、自信心等才更重要
各科教学大纲相对孤立零散	各科教学大纲宏观整合，相互联系
学习只在学校发生	互联网突破了时间和空间的限制，学习无时不在，无处不在
学习只是学生的事，年轻人的事	学习是个终生职业，活到老，学到老
被动式	主动式

英国教育特点：

- 文理科全面发展，知识面宽，注重培养综合素质
- 尊重学生思想，提供充分的成长空间
- 培养学生建立自信和独立生活能力
- 工作细腻：例如每个学生定期制定学习目标，而且必须是现实的、可衡量的、可实现的（即Realistic, Measurable, Achievable）
- 一对一补课，重视每一个学生的进步
- 培养学生自己找答案，自己做判断的能力（戏

剧、音乐、科学课）
- 提高批判性思维能力，形成自己的观点
- 培养学生的领导技能；对自己学习生活负责的能力；自我控制时间，自我设计方案完成项目，自我控制经费的能力，团队合作能力等。

　　最近与国内业内人士交谈，吃惊地发现有些人对STEAM教育有重大误解，也有人将STEAM教育与素质教育划等号，用体育和音乐美术来替代它。所以这里强调一下：所谓STEAM教育，不是上述五门课的单科教育，而是这五门课知识和技能的综合运用。在完成一个课题项目的过程中，综合运用各门知识，发挥团队合作，使用各方面技能，完成任务（表4-3-2：STEAM授课实例）。

表4-3-2：STEAM授课实例

Project Title （项目题目）	Sustainability of Energy Resources （能源的可持续性）
Aim（目标）	To power the school green house in a more sustainable way（用可持续性的方式，改进学校温室目前的能源供应）
Starter（开场白）	Introduction on how the school green house is powered at the moment; To find a different way to get that energy, hoping to get solar energy, maybe wind turbine etc. 1. Oil production and population growth, and the comparison between the two; 2. What the oil is used for; 3. Finding energy for growing. 介绍目前学校温室的供电情况；寻找不同的方式来获得这种能量，希望获得太阳能，也可以是风力涡轮机等。 1. 石油生产和人口增长，以及两者之间的比较； 2. 石油的用途； 3. 寻找增长的能量。

Method（方法）	Group 1（组别1）	Research group: finding information on solar panel and wind generation 研究小组：寻找有关太阳能电池板和风力发电的信息
	Group 2（组别2）	Electric circuit building group: Making models representing solar panel on roof and fans in the green house 电路建设组：制作用于学校温室屋顶的太阳能电池板或风扇的模型（确保电路设计合理，模型运作正常）
	Group 3（组别3）	Building modeling group: 1. Making model green house where solar panel is going to go 2. The model itself will tell the school what it is about and it is doing 3. Use Mathematics skills to scale down the full size of the green house 建筑模型组： 1. 制作太阳能电池板即将推出的温室模型 2. 模型本身的功能：介绍它是什么和它在做什么 3. 使用数学技能来缩小整个温室的体积（太阳能电池板或风扇模型可以安装其上）
Group presentation（团体介绍）		3个小组集体合作演解：展现其科研、设计、计算、生产制作全过程。期间使用了数学计算（放大或缩小比例等），科学知识（电路连接：串联和并联等），工程设计（模型的制作过程），艺术（语言口头讲解和书面报告，本身就是一种艺术形式；也可以用舞台表演的形式展现）。

那么英国的STEAM教育是如何开展的呢？首先，政府不惜花重金吸引和招募高学历有能力的STEAM专业大学毕业生进入中小学任教，用来激励学生对STEAM科目的兴趣和热爱。特别是名校毕业的优秀大学生，政府提供在职快速培训途径，即直接进入课堂带薪水的教师培训，以保证他们安心教育并快速成长。同时各个学校推崇科学实验课，鼓励将科研手段和技能带进课堂，开发学生的批判性思维能力、发现问题解决问题的综合能力以及团队合

作精神等。

与此同时，各类教育专业机构和STEAM 活动中心积极协助和支持中小学在STEAM教育方面的工作。

- 英国皇家工程学院定期主办STEAM活动及在线培训，帮助中小学用户加强对STEAM技能的学习和掌握。[42]

- STEMNET（Science, Technology, Engineering and Mathematics Network）是英国一个很有影响和规模的STEAM组织，活动经费来自于英国教育部，旨在激发年轻人对科学、技术、工程和数学的兴趣。该组织主要致力于3个领域：STEAM大使：为教师提供免费资源，帮助他们研发创新STEAM课程；STEAM俱乐部网络：鼓励学生探索、调查和发现学习课程以外的科学项目；STEAM咨询网络：向学校提供专业建议，帮助学生进一步接受STEAM教育，职业培训和就业。[43]

- 英国教育委员会组织的STEAM教育计划，支持英国与伙伴国之间的对话和知识交流，围绕STEAM教育方法，改进提高小学、中学和大学STEAM教育课程。[44]

- 国家组织科学技术大赛，认可和奖励青少年在STEAM各个领域取得卓越的成就，并鼓励他们对STEAM课题继续保持兴趣和热情。

---

[42] www.stemdirectories.org.uk
[43] https://www.stem.org.uk/stem-ambassadors
[44] https://www.britishcouncil.org/education/science/newton/stem-education-programme

英国对STEAM教育的重视程度还表现在政策细腻、到位，包括颁发国家承认的资格证书等[45]，例如：

- 英国教育部下放权力给国家公立学校，各中小学有权设置适合自己学生生源的教学大纲，搭建科目领域和管理办法。被社会大企业和大学所赞助的中小学校也可以在其赞助机构的领导下，积极准备并提供教育计划，为将来就业所需要的STEAM知识和技能做准备；

- 对于应用型GCE和AS/A2级别的中学生，立足于学校教授知识，但集中培养学生实践能力，包括应用科学和技术工程等STEAM课程，旨在提供就业或继续教育的途径；

- 学徒制：以工作为本的职业训练。这个制度深受年轻人欢迎，希望接受训练的人很多。目前有三万多年龄在19岁以下的学生接受STEAM学徒培训。

我国目前的教育现实还主要是以应试教育为主导力量，对加强和提高学生综合素质的培养重视不够。同时，传统的应试教育大大占据了STEAM的课时。目前的高中教育体制的明显弊端表现在：普通教育因为面向学生的升学而不是面向学生的就业，使得高考的竞争越来越白热化。大家都认一个理儿：无法升学就意味着无法就业。

传统的应试教育使得我国中小学生一味追求考试成绩，加班加点，读死书，死读书。这个现实问题使得广大学

---

[45] STEM education for 14–19 year olds; House of Parliament, Parliamentary Office of Science & Technology; POSTnote 430 March 2013

生、家长和教师无暇顾及学生创新意识和动手创造能力的培养，导致无法升学的学生由于缺乏实际技能而难以就业。

中小学目前在STEAM教育的普及和发展上还需要加强。普通的中小学课堂应该让学生体验科学、技术、工程、艺术、数学多维度学习方式，提高学生发现问题、解决问题的能力；在动手过程中学习巩固理论知识，同时培养学生的批判性思维能力，团队合作精神，使他们的想法得以交流和实现，增强学生的自信心，实现其自我价值。

STEAM教育以"做中学"的模式为指导思想，让学生在动手的同时学习巩固理论知识。目前我国的中小学STEAM 教育还处于发展阶段，教学设计模式并不十分健全，教学活动的设计和实施步骤等都有待完善，教学资源与教材还不够丰富与成熟,教学理论和实际案例也比较缺乏，同时对实验教学和实验室建设重视程度也不够。有些学校领导还没有摆脱应试教育的影响，没有把实验室工作重视起来，忽视培养学生的实验技能和调查研究的能力。

近几年，我参观过国内好几所著名重点中学。虽然学校占地面积大，建筑装修一流，硬件设施先进齐全，却看到崭新的实验设施仿佛从来没有使用过，也看不到实验员工作的身影。实验室虽然崭新，实验台表面却落着厚厚的一层灰，实验室的凳子挤堆在教室里的一个角落，看上去好像从来没用过；而实验室的水龙头好像从没有人动手拧过，紧紧的样子。询问为什么看不到实验员的身影？回答没人。实验准备室呢？锁着。计算机房一排排整齐崭新的计算机，却全被布套子罩着防灰尘，看上去已经好久没有使用了。

可惜呀，太浪费了！我心想。而在我的脑海里，此时却呈现出英国学校的繁忙情景：穿着白大褂的实验员们推着小车在走廊中来回穿梭，更换着头一堂课学生用完的仪器设备和试剂药品，迅速摆放上下一堂课要使用的仪器设备。教师和实验员课间出出进进，忙碌在不同的实验室之间；学生下课更换实验室，走廊上也不时看到询问老师问题的学生和处理学生问题的老师。学校的活动场地从不闲置，被各个系的教师提前预订，重叠反复使用。晚上、周末和假期期间，便租给社会上的机构和组织使用。例如许多中文学校，就是租用当地中学场地，利用周末开展业务的。

近年来，我国开始重视 STEAM 教育，但发展不尽如人意，有空白点，主要表现在：

i. 应试教育在一定程度上极大影响到我国学生参与STEAM活动的积极性，剥夺了他们提高STEAM技能的机会，降低了他们今后走向社会的适应力和自信心，同时也降低了我国青少年在国际经济舞台上的竞争力。

ii. 中小学生学习负担太重，没有时间和精力发展个人兴趣爱好，也没有机会去认识世界、认识大自然和培养独立思考、调查研究的能力。长此以往，有导致高分低能的可能性。

iii. 教育理念相对滞后，教师的在职素质培训迫在眉睫。同时，校长在支持将科学调查研究手段引进课堂，鼓励教师多上实验课以及让学生自己寻找答案的态度上有待提高。

iv. STEAM人才短缺。虽然我国拥有全面发展的优秀教师，但很大一部分教师在STEAM教育方面还需要花大力气培训，以带动STEAM 项目的良好发展。

v. 教学内容单一，课程设计单调落后。在STEAM的实际教学中，老师们最需要的是丰富的课程体系和教材。单一的教材已经无法满足学生们在活动中学习知识，提高技能的需求了。

我国STEAM教育发展也很不平衡。东部沿海经济发达地区比较重视STEAM教育，政策上支持扶持较多；而中西部地区在STEAM的教育方面比较落后，而且将STEAM教育误认为就是素质教育，因此只重视和扶持艺术体育类教育，忽视甚至完全忽略STEAM教育。

21世纪国际经济一体化，国家之间的贸易往来频繁，人口流动频繁，随之而来的是语言上的交流和文化上的融合。教师和学生之间的关系发生了巨大的变化。新形势下的教师不但要在教学方法方面加以重新认识和转型，而且还要了解掌握多领域的理论知识。目前我国社会上虽然出现了具有创新意识和动手能力的各类培训机构，但在教育理念上和教学能力上却和有着丰富教学经验的专业教师有很大差距，在教师的自身素质、教学技能、技术应用和技巧传授等方面，还亟需培训和提高。

因此，对教师的在职培训，包括知识更新培训、技术操作培训、教学技能培训等迫在眉睫。这个领域的提高需要教育管理部门的支持以及政策上的鼓励，同时也需要高校的配合并增进对外交流与引进。

综上所述，如果说要想让我国学生摆脱"读死书，死读书"的现象，拓宽他们的知识面，提高年轻人在世界范围内的竞争力，就应该在STEAM 教育上多下真功夫。但在打下扎实的基础知识和发展学生创新能力上找到平衡，也不是一件容易的事。在一定程度上，这也是英国存在两种相互矛盾的教育理念的原因之一。

作为一名奋斗在英国教学一线多年的教师，我认为：课堂上动手活动太多，学习基础知识的机会和时间会大打折扣。结果是英国学生的基本工不扎实，对定律、原理等理论知识的掌握也不熟练；而这一情况表现在历年PISA考试成绩上。英国许多学校似乎完全否认了"教师主导"或"填鸭式"的教学风格，而将"学生主导"或"放羊式"的教学方法视为唯一正确的方法。寻找完美的"学生主导"课程计划成为英国教师职业发展的重要组成部分。我自己也是这样走过来的。

"学生主导"的"放羊式"教育把学习的主动权交给了学生，希望学生通过自我设计、小组讨论，找规律，寻答案，培养学生好奇心，在玩中学，学中玩。这种教学方式，其实对教师控制纪律的能力要求是很高的。学生既不能杂乱无章地参与讨论，高声喧哗，不给他人机会，又不能被动离席或开小差。英国的所谓"放羊式"教育，绝不是放任自流，无底线的。相反，在其老少平等，师生平等的社会价值观的大环境下，教师工作的难度加大了，对教师的耐心和敬业精神要求更高了。

我班上有个来自中国大陆的学生这样对我说：

"这里（英国）更有创意。他们有新的教学方法，例如唱歌可以帮助你记忆。然而在中国，他们不做这样的事情，只是死记硬背。"

——学生H，女，17岁

但我个人认为"学生主导"的"放羊式"也有不足之处：

i. 学生自己设计讨论找答案，对于文科的一些学科是比较适合的。但对理科而言，尤其是化学、物理等，就有局限性。因为在学生自己动手找答案时，由于还没有一点基础理论知识做指导，实验设计错误严重，误差大，再加上人为因素的影响，不一定每个小组及学生都得到同样的结论，很容易引起误会。即使在老师指导下找到了答案，也是模棱两可，基础不牢，不能举一反三。所以老师一定程度上的讲解和陈述，或者说"填鸭式"是非常必要的。

ii. 由于各个学科都采用以学生为主的"放羊式"教学方式，学生一天下来情绪高昂，容易激动。学生在短短的一节课中做太多的活动，增加其压力，影响学习效果。学生从事繁忙的活动并不一定意味着他们在学习知识。有时时间安排太紧，活动太多，学生在从事活动的过程中可能会失去追踪，看不到每个活动之间的逻辑链接。知识没弄明白，精力和体力消耗却不小。想想看，每个科目的教学方法都是"学生

175

主导"，学生无论是上英语课，还是数学课、物理课等，每个老师都是这种教学方式，学生一天下来累不累？经常看到学生在更换教室时在教学楼走廊拥挤打闹，高声喧哗，是不是与学生高度紧张的情绪有关？学校本来应有的安静，祥和，互相尊重，有理有节的文明秩序在这种教育理念下淡化了很多，对维持良好的课堂纪律有负面作用。性格内向脆弱一点的学生很容易被欺负，受到伤害。

iii. 另外，教师在教学过程中变成了讲台上的舞台表演者。在教学方法上，教师失去了自主权，不能选择适合自己个性的、适合自己教学内容的教学方法。学生的学习成绩是考核教师的重要指标，也是教师追求的唯一目标。学生变成了学校的数据，教师变成生产高数据的车间工人。

虽然"教师主导"的"填鸭式"教学法被认为是被动的、枯燥的，但也有好的一面。我认为"教师主导"式其实是"知识主导"式。该教学方法可追溯到2000年前的孔子哲学。在这种教学方法下，学生理论知识掌握熟练，基本功比较扎实。由于学生年纪较轻，需要教师的引导，所以"教师主导"的教学方法正好满足了学生这方面的需求。有些知识听取老师的解释会更容易理解一些，适当地做一些笔记也是必要的。在英国教书，经常会看到部分学生对完成作业不以为然，将发给他们的家庭作业扔在课桌上就离开教室的事时有发生。学生对教师依赖性太强，责任心薄弱。

当然，"教师主导"的方法也有很多弊端。课堂上很少看到学生就一论点展开辩论以及利用互联网查阅文献资料，进行项目设计等创新活动。学生读死书，死读书，扼杀了他们的创造性、辩证思维能力和发现问题、解决问题的能力。

虽然我在英国一所公立文法学校工作十年，但我也在伦敦一所私立学校工作过半年，对公立和私立学校都有亲身教学体验。当今的私立学校以及贵族学校，其实也经常使用以老师在台上讲述为主的教学方法，即所谓"教师主导"式，或"填鸭式"。私立学校有更宽松的自主权，教什么，怎样教，校长及其领导班子自己做主，不需要严格按部就班地按教育部的指示做事。最近几年有机会回国参观讲学，发现国内教育发展因地区经济发展的不平衡而有很大差异。许多沿海城市的双语学校和私立学校都提倡"学生主导"或"放羊式"的教学方法，而且有些学校还做得相当不错。

据我观察，在私立学校和贵族学校就读的英国学生，和中国学生一样，学习非常努力。教师的教学风格也往往是"教师主导"式。学生在校会花很长时间写作业，掌握理解重点难点。他们也非常自觉，不依靠老师课堂每5-10分钟一次的评估来巩固知识。据报道，习惯于"学生主导"或"放羊式"学习方法的学生往往是公立学校的学生。他们中间有部分学生因为不习惯大学的教学方式，包括听讲师或教授做报告、记笔记，缺乏自己约束自己、查文献、写论文的能力，完成不了大学课程。这些学生，只是获得了一点上大学的学习经历而已，但最后以辍学而告终。其社会后果是，大多数在公立学校的蓝领阶层的学生仍然处于这个社会阶层，而中产阶级和上流社会的学生则继承其传统和固有的社会地位。

在我看来，中式教育并不都是绝对的"教师主导"或"填鸭式"，而英式教育也不完全是"学生主导"或"放羊式"。中国地域广，经济层次多元，学校也相对多元化。在拍片之前，为了更好地进入角色，我专门回到西安老家走访了十来所中学，其中有四所是国际中学，全英语教学，外教数量很多。教学内容按照美国及英国的大纲进行，以出国留学为目标。这种学校小班上课，教学方式多样化。而其他中学，则以教育部的教学大纲为中心，以高考为最终目标。班级人数在50－60人左右，老师讲，学生听。在我观摩的几堂课上，化学和物理课堂堂都有老师做演示实验。学校的硬件设施甚至好过英国中学，墙上挂着的学生作品展览，水平可是相当高的。

我认为，在"学生主导"和"教师主导"两种方式中找到平衡是非常重要的，因为两种教学风格各有其优缺点。相信教师的专业判断能力，给他们足够的空间和自主权，让他们根据具体教学内容，自由选择教学方式，而且没有恐惧感和压力，这一点非常重要。我们知道，教学风格因人而异，其方法反映出教师个人的性格特征。对"优秀课程"的衡量标准应该考虑到不同学科的特点以及教师自身的特质。无论什么授课内容，什么学科，衡量标准都是清一色的"学生主导"方法，是缺乏多样性的，不客观的。

没有绝对完美的教学方法。"学生主导"和"老师主导"，或者说"以学生为中心"还是"以教师为中心"，要根据实际情况而定，两种方法都是有效的教学方法。知道什么时候、使用哪种方法，并在这两种方法中找到平衡，最大限度地提高教学质量，才至关重要。

第四节：
中英家长对孩子教育态度的比较

1. 中国家长对孩子教育的态度

经常有国内家长向我咨询孩子教育的事，吃惊地发现他们特别在乎学校的排名，崇尚名校、名牌，以及高、大、上这些东西。英国人对牌子没有那么着迷，更注重真才实学和能否给单位增添新价值。

我注意到，很多中国家长将孩子的教育变成了自己的全职工作，有些妈妈甚至以放弃自我发展为代价支持孩子的学习。他们在孩子升学上的压力过大，精神相对紧张。同时，容易相互攀比，目的性不强，在盲目追随潮流的过程中容易迷失方向。家长把孩子在学业上的成功看成是自己的成功，把孩子在学业上的失败视为自己的失败，所以双方的压力都很大。有的小孩一周七天，六天都在上课外辅导班，琴、棋、书、画样样都学，真不知孩子还有多少时间去享受童年的快乐。

同时，年轻人在升学、就业等方面拼比的不仅仅是自己的能力，还有自己父母的能力。"拼爹"已经成为当今社会上的一个新名词流行起来。从社会学的角度来看，所谓好爸爸，其实也是一种社会资源。人们因为有了不同的爸爸，人生的经历也会有所不同。虽然大家对这种现象看法不一，但这绝对不是仅仅在中国才可以看到的现象；在全世界各个国家也都可以看到这种现象。所以"拼爹"现象并不是中国特色。

都说"世上只有妈妈好"，那爸爸呢？爸爸常在家吗？在孩子身上花的时间多吗？爸爸懂得爱护孩子吗？爸爸懂得体贴妈妈吗？这里要特别讲一讲爸爸的在家庭中的角色和作用。

自古以来，父亲在孩子成长和教育中的作用就是非常重要的。孔子曰："子不教，父之过"，强调的就是父亲的作用。父亲作为一家之主，是拥有知识、拥有权威的长者；是令全家敬畏的人。四世同堂，老父亲（老爷子）享有至高无上的地位，是全家子孙尊重和敬畏的掌门人，受到极大的爱戴，是说一不二的人物。

儒家思想认为，感情外露会影响对子女的教育效果；换句话说，感情流露阻碍教育的成果。要想教育出优秀的子女，父亲的喜怒哀乐是不应轻易表露出来的。圣人是要控制自己的情绪的；做严父第一，做慈父第二。在这种思想的指导下，父亲通常是不教育自己的儿子的。当他的儿子没有按照他所教导的方法行事，父亲可能会变得很生气；儿子也会反过来说父亲自己的教育有误，结果是父亲和儿子相互冒犯对方，破坏父子关系，影响父亲高大形象。因此古人将儿子送给大师教养，还有交换教育儿子的习惯，自己不教育自己的儿子。父亲承担孩子失败时的羞愧；同时，也享受孩子成功时的光荣。光宗耀祖是儿子的责任。

父亲教育孩子，母亲养育孩子。当孩子对世界有疑惑时，询问父亲找答案；当孩子需要感情上的理解和身体上的照顾时，投向母亲的怀抱。父亲严厉，教育孩子循规守矩；母亲温柔，主持家务，原谅孩子。孩子在父亲面前忠诚孝顺，恭恭敬敬；在母亲面前体贴亲近，随和放松。

在家庭结构上，母亲主内，也被丈夫称为"内人"，主要任务是处理家务事和养育孩子，而"贤内助"通常是用来称赞好妻子的术语。父亲负责家庭以外的大事，或继承祖宗留下的家业，是干大事业的，是高于母亲地位的。所谓"男主外，女主内"，丈夫或父亲是一家之主，令人敬畏。

现代社会对父亲的态度不特别强调敬畏二字，更强调对父亲的尊重。做严父还是做慈父，两者是否矛盾，仁者见仁，智者见智。中国父亲更注重严格管理孩子的行为规范，注重在孩子面前保持其做父亲的尊严；父子之间的对话比较严肃，教育、训斥的成分多一点，和孩子一起玩耍、情感流露的成分少一点。与此同时，家庭内部的责任分配及权利重心也发生了变化和转移。新一代母亲经济独立，里外操劳。对孩子的要求更注重于培养和提高其自我表达能力、独立性、自我控制力和创造力。

在孩子的教育培养上，中国家庭在某种程度上存在父教的缺失。流动人口的增长导致许多人无法做个称职的父亲，甚至剥夺了他们做父亲的权利。据国家卫生健康委统计显示，2017我国流动人口数量为2.44亿人；隔代家庭（只有祖孙两代人的家庭）人口从1990年的0.5%上升到2000年的2.4%。[46]

父亲在孩子教育上的参与程度也远低于母亲，尤其是在学校方面。最近国内一家幼儿园开家长会，几乎成了开妈妈会，爸爸的身影寥寥无几。"小班12名家长，9位妈妈，3位爸爸；托班15名家长中，13位妈妈，2位爸爸。一共27位家长，爸爸只来了5位。80%以上的爸爸承认从来没参加过孩子的家长会"[47]。孩子在学习上的问题，现在主要由母亲承担，包括辅导孩子写作业，给孩子情感上的支持，以及对孩子的日常生活管理等；再加上自己的工作，母亲的压力其实很大。

最近在网上看到这样一个故事：学校老师布置了一篇"感受父爱"的作文，发现很多学生写不出什么具体事例来，大多都是讲爸爸工作如何繁忙，如何加班加点等，甚至有不少学生认为，爸爸就是专门赚钱的。大多数父亲不太花时间与孩子一起娱乐，一起玩；很多孩子表示父亲不

---

[46] Ed David W. Shwalb, Barbara J. Shwalb & Michael E. Lamb (2013), "Fathers in Cultural Context"; Available at: https://books.google.co.uk/books?hl=en&lr=&id=KUFFaIFSWs4C&oi=fnd&pg=PP2&dq=chinese+fathers+role+in+education&ots=dNtruIzBdO&sig=2ZOGqSiVf_IHUCvtTPgSOIXZke4#v=onepage&q=chinese%20fathers%20role%20in%20education&f=false [Accessed on 21 Oct. 2017]

[47] "幼儿园家长会成'妈妈会'有孩子称爸爸的作用是赚钱" http://bbs.tianya.cn/post-free-3734913-1.shtml [Accessed on 21 Oct. 2017]

理解他们。这说明当今父亲很多都是甩手掌柜；同时也说明孩子对父爱的渴望，以及希望父亲多陪伴、多交流的愿望。

但是有些父亲对孩子的关心却表现得比较简单粗糙：要么孩子要什么就给买什么；要么漠不关心，不理不睬；要么批评训斥，不顾孩子的需求和自尊。我们经常会听到父亲这样训斥孩子："这么简单的东西都不会，真笨！""怎么这么笨呀！别人都能做的事，就你不会，真给我丢脸，晚上别吃饭了！"再加上"不许""不行""不听话"经常挂在嘴上，自己却没有给孩子做好榜样和表率作用。不少父亲自己都是受过良好的教育的，也拥有成功的事业，却缺乏陪伴孩子的意识和愿望，没有与孩子分享自己成功的经验，也错过了孩子成长的过程。

有些父亲抽烟、喝酒，跟老婆发脾气，因为"工作忙"不回家，回来了也不干家务。父亲和孩子之间缺少沟通，也缺乏与孩子必要的肢体接触；肯定的态度少，否定的态度多。孩子缺少学习的榜样，引发逆反心理。如果父母经常在孩子面前吵架、打架；或父母离异，父亲淡出家庭教育，孩子会感到害怕，恐惧，没有安全感。所以，会不会做父亲，是有学问的。

当然，也有一些家庭对孩子过分溺爱，百依百顺，只要求孩子专心学习，其他什么事都不用操心，造成孩子缺乏基本的责任感。过度溺爱可能会助长孩子自私自利的个性，阻碍孩子今后在社交、为人处世以及应对挫折能力方面的顺利发展。

2. 英国家长对孩子教育的态度

从英国历史传统来看，父亲的主要责任是确保他们的孩子在成长过程中具有适当的宗教价值观。工业革命以后，父亲的责任重点从一家的道德领袖逐渐转型为养家糊口的人——承担一家人的经济负担是父亲的主要责任。

与中国传统上父亲强调尊严和敬畏不同的是，英国父亲更注重做家长的义务和做母亲情感生活的支柱。在英国，父亲往往更专注于和孩子玩耍，而母亲则专门照顾和养育孩子。很久以来，优秀父亲的标准是培养和教育儿子成长为好男人，女儿成长为好女人；强调父亲的教育职能。"如果一个父亲没有把自己的儿子养育成一个男子汉，那他真正的作用和意义又是什么？"[48]无论父亲是多么的高大强壮，粗犷豪放，对儿子还是非常温暖体贴的。

然而现代社会价值观发生了极大的改变，更强调男女平等；对父亲的要求标准也发生了变化。父亲的角色开始多元化：生活伴侣、家庭保护者和护理人员都是父亲需要扮演的角色。人们普遍认为，父亲对家庭的生活质量和对家庭成员之间的感情互动、交流作用不可低估；父亲的关怀可以缓解母亲的工作压力。父亲需要直接介入到亲自照顾孩子的具体工作中去，树立榜样，因为孩子的许多行为

---

[48] M. E. Lamb 4th Edition (2004), "The Role of the Father in Child Development", p5; Available at: https://books.google.co.uk/books?hl=en&lr=&id=iwdjF4r_OF0C&oi=fnd&pg=PR7&dq=chinese+fathers+role+in+education&ots=hSE2WHxo4p&sig=byBRyDQIFODp6WobM48lK3sX2hE#v=onepage&q=chinese%20fathers%20role%20in%20education&f=false [Accessed on 21 Oct. 2017]

习惯来自于对父母日常行为的观察和效仿。父亲的参与可以有效地提高母子关系，促进孩子的健康成长。当家庭缺乏父爱，或婚姻不稳定，夫妻矛盾激烈时，孩子会受到很大的影响。

现在人们更注重父亲在孩子抚养和照顾上所花时间的长短。事实上，与欧洲其他国家相比，英国父亲的工作时间最长。这一现实问题限制了英国父亲尽其父亲责任的机会。在参与子女日常生活事务上，今天的父亲所花费的时间可能比任何时期都要少。针对这一现象，英国在1999年制定了关于父亲带薪休假的新政策，以支持父亲在家庭中育儿的责任。该政策在宏观上认可和支持了上班族父亲对孩子培养的责任和义务。自从2003年起，所有新父亲在孩子出生的头2个月内，有权享受2个月的带薪陪产假[49]。

众所周知，父亲的经济抚养能力对其子女的精神健康影响重大，父亲对孩子的忽视或抛弃直接影响到孩子的健康成长。父子关系，与父亲是否有能力提供物质条件上的帮助至关重要。

历史上，那些不能履行养家糊口责任的父亲一直被视为失败的父亲。对这种父亲，社会上的反应一直是道德上的谴责和经济上的惩罚。然而，很少有人考虑到父亲的个人身心健康，并在家庭问题上给予父亲一定程度的理解和

---

[49] Ed by Randal D. Day, Michael E. Lamb（2004）, *Conceptualizing and Measuring Father Involvement*; Available at: https://books.google.co.uk/books?hl=en&lr=&id=7qmP AgAAQBAJ&oi=fnd&pg=PP1&dq=chinese+fathers+role+in+education&ots=X-zR LCbbH&sig=JG-JPOY6FWChPWAUtqQXum2mJIk#v=onepage&q=chinese%20 fathers%20role%20in%20education&f=false [Accessed on 21 Oct. 2017]

帮助。人们对父亲个人的需要并没有引起足够的重视。男人几乎不是家庭的中心，更像是个旁观者。研究显示[50]：父亲拥有多重身份，例如丈夫、父亲和公司职员，将对其身心健康更加有利。

在学习上，英国家长不是那么着迷高分和学校排名，更关心的则是自己孩子的个性和爱好发展，并顺着这个特点寻找适合自己孩子的专业和学校，也不太相互攀比。

英国学生对知识的理解和掌握通常只是在课堂上进行，对教师的依赖性太大，家长、特别是父亲承担的责任不够。听到有些孩子反映，当他们与父亲在一起时，通常就是看电视，或什么都不干；除非是周末，才有机会对话，或出去玩耍。父亲过问孩子学习情况，以及帮助、辅导完成家庭作业的情况欠佳，而教师对学生的责任却越来越重。

说到这里，让我想起与我一起共事的一个同事。她告诉我，她每月薪水的相当一部分，都要用来偿还她父母对她大学学费的资助。这件事对我震动很大！看到她和其他年轻老师合租的简易、普通的房子，再联想起国内家长为已经成年的孩子付学费、生活费，操办婚礼，买房、买车的情形，深感中英文化理念上的差异。

3. 我的父母和我老公的父亲角色

在我眼里，我的父母是世界上最伟大的父母！（图4-4-1：我的父母；图4-4-2：我的父母和我）

---

[50] S. Allen and K. Daly (2007) "The Effects of Father Involvement: An Updated Research Summary of the Evidence"; Available at: http://www.fira.ca/cms/documents/29/Effects_of_Father_Involvement.pdf [Accessed on 21 Oct. 2017]

图4-4-1：我的父母

图4-4-2：我的父母和我

　　我爸对自己要求非常严格。他一生勤俭节约，艰苦朴素，从来没有任何奢侈品。他每天上下班骑着自行车出出进进，大家都很熟悉。院子里一个年轻老师笑着说："杨主任除了那个提包洋活外，什么都不洋活。"我妈听了这话，有点伤心，她感觉我老爸穿得有点寒酸，被人讥笑。是的，我爸的提包是单位发的，黑皮子的，质量不错。但他骑的自行车、穿的衣服却都很破旧。他每个月将工资全部上交给我妈，自己只留一点点烟钱。那时家里收入低，生活困难，爸爸因为是区领导，家里常来人送礼，也被爸爸一概拒绝。记得我妈跟我抱怨说："你爸是只有解放了全人类，才能最终解放他自己。"

我从小就能背诵许多唐诗，都是爸爸教给我的。那时虽然只有几岁，不懂诗词的含义，也不识字，但在爸爸的讲解下，虽然一知半解，诗词却背得滚瓜烂熟。时间一长，反复背诵上几次，小小年纪，也开始有点悟性了，渐渐体会出了诗词文字的美。

爸爸非常关心我的学习，早早就教我学算数，还居然教我学英语。我记得特别清楚的是，爸爸教我英语26个字母时，他自己却写不全，磕磕绊绊的。我爸上大学时学的是俄语，他自己就没学过英语。尽管如此，他还是教我口头背诵字母，还带着非常浓厚的家乡口音，特别有特色。现在我要是再重复背诵一遍我爸教的26个字母，相信没人听得懂的。

我爸从小就教育我做一个好人，一个诚实的人，一个自食其力的人。我爸用"谦虚使人进步，骄傲使人落后"的名言严格要求他自己，以身作则，也给我树立了榜样。我爸出身贫寒，是他的哥哥放羊赚钱供他读书的。后来爸爸有机会考上大学，特别感激哥哥的奉献，立志报效家乡，报效祖国。记得爸爸对我说，他在大学一年级期间，就读完了《毛泽东选集》四卷，还写下了厚厚的心得体会。他是当年西安某大学发展的第一批学生党员，后来还被送到北京某大学进修，学习俄语，成为当年国家的重点培养对象。

我母亲是上世纪60年代初的大学本科毕业生，和我父亲是大学同学，后来成为西安一所重点中学的特级教师，一生从教35年。她在工作上积极要求进步，特别能吃苦，任劳任怨。记得有时工作不愉快时，爸爸一下班回家就给妈妈做思想工作，一讨论就是好几个小时。我爸对我妈特别关心爱护，摆事实，讲道理，既认真又耐心。每次爸爸下班回来，家里的气氛就变得特别和谐、愉快，妈妈也变得开心起来。

我从小喜欢音乐舞蹈，也接受过乒乓球专业训练，但爸爸认为那些都是吃青春饭的，不长久，所以要求我学理科。因为当时社会上流行一个说法：学好数理化，走遍天下都不怕。虽然我服从我爸的指示，选择了理科，但学习成绩却不理想。我爱唱爱跳，心静不下来。后来成熟了，理解了父亲的苦心。在伦敦教书，开家长会时，我时不时跟学生和家长提起我的老爸，现身说法。虽然当时我不喜欢父亲的决定，不喜欢学习数理化，但今天我受益了。正因为我拥有数理化基础知识，才让我成为一名合格的英国科学教师，在异国他乡自力更生，自食其力。所以我非常感谢我的父亲，数理化让我拥有竞争力。我经常拿自己的故事鼓励我的学生。

"己所不欲，勿施于人"也是我爸小时候就教给我的，教育我做一个替别人着想的人，一个把别人利益放在第一位的人。我爸自己就是个典型的例子，从来都是先人后己，大公无私。后来我在BBC纪录片中，也用孔子的这句名言来教导我的学生。我要把最好的教育传给我的学生，把我父亲教育我的中国传统美德传授给英国的孩子们。

我老公是个非常普通的英国人，没有什么雄心壮志。

他平时生活要求不高，只要我快乐，他就快乐。在他眼里，我的缺点都是优点，我没有错的时候。来到英国，我一心一意要当教师，但因为语言和文化障碍，我的培训道路走得特别困难。那几年，我周末基本上没有休息过，全部的时间都用来备课、读书、写论文、批改作业等。我姑娘上小学，接送都是他。周末为了让我在家安心备课，他开车带女儿去游泳，滑冰，打跆拳道等。孩子什么技能都让我老公给教会了。我对孩子说："虽然他不是你的亲爸爸，但他就是你的亲爸爸。他做到了一个亲爸爸应该做的事，甚至更多。"我姑娘也是一样，总是Daddy，Daddy 的叫。他们之间经常开玩笑，说笑话，非常亲近（图4-4-3a，b & c：老公和女儿）。

图4-4-3a：老公和女儿

图4-4-3b：老公和女儿

图4-4-3c：老公和女儿

　　我们的生活平静简单，孩子也受到许多英国文化的熏陶。虽然老公在生活上要求不高，但每逢圣诞节、父亲节和他自己的生日，一个贺卡和一点礼物还是要有的。我自己从小没这个习惯，也不太在意这些礼节，认为是小事，没有培养姑娘这些习惯。可是老公的儿子，每逢这三个特殊日子，一定会来我家，同时带来厚重的礼物和贺卡。这样一来，无形中影响了我姑娘，她也一样，每逢这三个节日，也就准备好了礼物。卡片有时是姑娘自己亲手制作的，而礼物，因为孩子没什么钱，通常就是一双袜子之类的小东西。

　　老公大大咧咧，没什么记性，只要有个礼物，不管是什么，他都非常开心，不停地说"Thank you"。但是如果我们忙得忘记了，他还是会提醒我姑娘的："欢！别忘了明天是父亲节啊！"看来他还是比较在意这个的。礼物轻重不要紧，但一定要有。结果抽屉里的袜子堆积得越来越多，都是过去的礼物，他也穿不过来。我悄悄对姑娘说："你就把去年的袜子再包起来送给老爸，他一定照样说谢谢，不会察觉的。"虽然姑娘不会这样做，但我真的是太了解老公了。简单，容易满足，就是他的特点。而我却经常拿他开玩笑说："没有理想，不求上进。"

　　有一次国内老家亲戚到伦敦度假，在我家住了两周，临走时对我说："来之前以为是继父，而且还是一个外国继父，所以也想来观察一下孩子到底是怎样生活的，因为确实有些担心；没想到孩子过得这样幸福自由啊！他比亲爸还亲，没有一点儿想象中的那种生活在继父家的情形，真是太受教育了！"还居然列举了具体例子。我当时听了以后既开心，又吃惊，根本没想到。我们的生活就是这样，普普通通，在我眼里再平常不过的小事，却给他人留下了深刻的印象。那场景我到现在还记忆犹新。

记得我姑娘过18岁生日那天，我们做了小小的庆祝。点了蜡烛，切了蛋糕，大家开心愉快地唱起了生日快乐歌。这时，老公突然对我说："军，女儿今天18岁了，从法律上说就是成人了。如果她要去寻找自己的生父，你可千万不能拦她啊！"我毫无思想准备，根本没想到老公能说出这话来，也不懂多少法律知识，但我却非常吃惊和感动。老公自己亲手将我的孩子从小带大，天天接送孩子上学、放学，还做饭，带她出去玩，把时间腾出来让我备课、工作。这么多年，不容易啊！别忘了，老公还有自己的事业要料理呐！现在孩子长大了，甘心鼓励她回国寻生父，这是怎样的姿态和境界啊！

老公很风趣，什么事到了他那都变得很幽默，经常让我笑到肚子痛。学校再累，回家就开心起来。有时遇到学生捣乱或工作上的烦恼，生了一肚子的气回到家，有声有色地讲给他听，他的反应，却让我笑个半死。老公聪明幽默，我学都学不来。希望自己下次在工作中再遇到类似问题时，能够用幽默的方法来处理，但好像总也学不来。问他，他说："Well, I can see the funny side of it."也正是老公轻松的态度和宽阔的胸怀，才使我可以在英国严峻冷酷的职场上毫无后顾之忧地打拼十年。在这一点上，我的婚姻和父母的婚姻有着极其相似的地方。说来我自己也不敢相信，我们已经结婚19年了，比我在国内第一次短暂的婚姻不知长到哪里去了。到现在没有吵过一次架，我生气时他的反应也特别快，幽默的回答我不笑都难以做到，肚子里的气一下子全笑没了。在当今社会婚姻不稳定，单亲家庭越来越普遍的情况下，我们的跨国婚姻，克服了文化上的差异，年龄上的差异，学历背景方面的差异，感情却随着时间的增长而继续增长和交融，我感到自己非常幸福，越来越离不开他了。

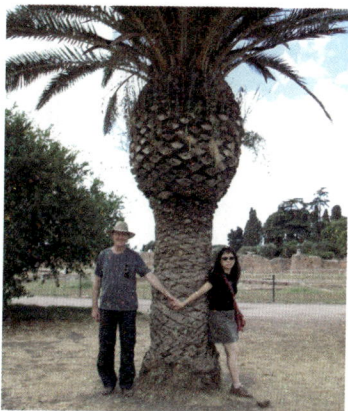

图4-4-4：老公和我永恒的感情

我妈一直担心我们的婚姻不会长久，再次给我女儿带来心理上的负面影响；再加上我事业心强，又是个急性子，怕我在英国对孩子发脾气，所以不希望我将姑娘带到英国与我们一同生活。我这孩子是我爸妈从小带大的，祖孙之间的感情很深。只是因为生父遗弃了我们，姑娘从小变得性格内向，胆怯怕事，不太说话，也不合群。

刚来到英国时，姑娘被插班到当地一所小学，上五年级，一个英语单词都不会说。当时时间太紧，孩子没有学到多少英语，所以没有参加小学升文法中学的11+考试。当中学的入学通知书寄到家时，我非常高兴，感觉没有考试成绩也可以得到中学的位子，真是太好了！没想到老公看了信以后却不满意，说这个学校离家太远，孩子上学很不方便。老公给当地政府打了个电话，提前约好了会面的时间。

那天，老公开车带着我，来到了当地政府办公大楼前。说是楼，其实也才两层而已。一个年轻的接待员将我俩带到一间办公室，倒了白水后就离开了。我坐下来，观察这面积不大的房间，心想：求人办事什么礼也没有拿，能行吗？这时，门开了，一个三十多岁的男子推门进来。他扎着领带，手里还拿着一个笔记本电脑。握手坐下来后，他和老公便聊了起来，我坐在一旁观察，不说一句话。只见那男子身体前倾，一边听一边打字，一副学生听老师讲课的模样；老公呐，身体后仰在沙发上，跷着二郎腿，不紧不慢地讲着，一副老师讲课的模样。我傻眼了，这不是本末倒置吗？谁求谁呀！很快，我们就接到了一封信，姑娘的学校更换到离我家较近的一所学校了，而且这所学校在当地还享有极高的声誉。

老公对我姑娘十分疼爱，但却不太参与和过问孩子的学习，一切顺其自然。这点我认为他过分放松，做得不够好，不像中国家长那样，把时间和精力花在孩子的学习上。但老公认为，我的榜样作用是无穷的。既然我已经以身作则了，孩子自然看到了，用不着再多加压力了。在学习上，他认为我姑娘非常自觉和聪明，小小年纪要开心快乐才是。

老公周末经常开车带姑娘出去，而肯特郡又享有"英国花园"的美称，郊外特别宁静、美丽。参观了许多城堡、教堂和英国历史古迹，也经常带姑娘去他的亲戚家作客，和他家的同龄孩子一起玩，交朋友。由于我们是他家唯一的外族人，格外受到钟爱。姑娘现在不仅英语讲得地道，而且了解英国历史和文化。英国父亲教会了她很多，也不知不觉地影响了她很多。现在，孩子已经成为一个中西文化的聚合体，两国语言都是母语。

就这样，孩子成长得很快，变得越来越自信，同时还继承了老爸的幽默（图4-4-5：乐天派的老公）。父女俩聊起来，我插不上话；有时听懂了语言，却听不懂笑话。他俩笑，我只能跟着傻笑，真不知他俩在笑些什么。

老公也是我的依托，我的支柱。没有他的支持，我在事业上也成长不了多少。周末通常我在家备课，老公就在外面给我洗车，给轮胎打气等，然后回家对我说："军，你下周的汽油加满了。"我从来不操心这些小事，爱答不理的也习惯了。每天早上上班，开车就走；晚上回家，老公又将车调头，方便我第二天上班，天天如此。有一天我上班的路上，仪表盘上的灯突然亮了，提醒我车里油不多了。我一下慌了，怎么办？老公居然忘了给车加油了！心里好生怨恨。到了学校，第一件事就是向同事讨教："怎么加油？怎么加油？"后来这件事成了学校的新闻，同事们私下相传："知道吗？军不会给车加油。"平时老公把家里的一切都料理好了，我没什么可操心的。老公说："What is mine is yours; What is yours is your own."（我的一切都是你的；你的一切都是你自己的。）虽然相信一见钟情，但更相信感情需要培养和呵护。老公对我姑娘，好似亲生骨肉，对我们之间的感情成长，也是一个催化剂。

图4-4-5：乐天派的老公

第五章

英国私立学校
——中国家长的钟爱

第一节：

是什么让中国家长如此青睐英国教育？

提起英国教育，人们不禁联想到牛津、剑桥等世界知名学府，以及《唐顿庄园》中的田园生活和绅士风度，从而对英国文化和英国教育充满了向往和憧憬。英国私校，受到无数中国家长的青睐。

从历史角度来看，私校的优势明显，但出身很重要。

传统意义上的私立学校，生源来自英国上流社会，俗称
"The old boys club"。这个词的来源是因为大多数
英国精英学校为男性学校，因此称为"老男孩俱乐部"。
他们的父母通常拥有极高的社会地位和头衔，例如伯爵、
勋爵等，有掌握国家政治经济命运的发言权和领导权，所
以他们的子女也是将来国家政权的接班人，彼此在社会关
系和经济方面有着千丝万缕的联系。

英国私校学习的课程内容和目的与其他学校有所不
同，以培养学生的领导能力和统治思想为主要目标。现
在私立学校还继承着明显的传统私校特点，例如骑马、划
船、曲棍球和板球等，这些体育项目在公立学校中比较少
见。

在私立学校和牛津大学接受教育的"The old boys
club"成员，依然是主导英国政治、司法和媒体等领域
的主力军，并将具有天赋的、来自普通阶层背景的人才排
挤在外。据英国自由报报道[51]：在对4000多名掌握英国命
脉的人群进行的研究中发现，占人数极小一部分的精英阶
级，过度代表了广大公共大众的利益。其中，大约71%
的高级法官，62%的高级武装部队军官，55%的白厅常
任秘书，50%的上议院成员和43%的报纸专栏作家接受
了私校（或公学）（Public Schools）教育。同时，内
阁成员的36%，国会议员的33%，英格兰板球队的33%

---

[51] Andrew Grice, *The Independent* (27. Aug. 2014) "Old boy's club still dominates public life, according to major new report"; Available at: http://www.independent. co.uk/news/uk/politics/old-boys-club-still-dominates-public-life-according-to-major-new-report-9695229.html

和BBC高管的26%，也都是私校（Public Schools）培养出来的。

大家都知道的英国九大公学，就是培养这些国家精英的地方。这些学校学费昂贵，是名副其实的贵族学校。有研究显示[52]，就读九大公学的学生，包括伊顿公学和威斯敏斯特公学，与其他任何一所学校相比，就职于社会顶尖职位的可能性高出旁人94倍。尽管接受贵族精英教育的人数只占总人口的0.15%，但仍然造就出近10%的领导者，其中包括国会议员、高级公务员、法官和博物馆负责人等。换句话说，九大公学培养出来的人才，社会影响力极大。

与此同时，他们当中大多数人去了牛津或剑桥大学深造。牛津、剑桥的学位对于某些职业来说至关重要，例如外交部门、法律部门和公务员部门领导人员中，超过一半的毕业生来自于这两所大学。送孩子去这些学校留学，是国内很多家长的愿望和梦想。

其实英国的阶级等级制度还是非常明显的，社会流动性不很流畅。中国人喜欢看的《唐顿庄园》，表现出不同阶级的生活状态。通常统治阶层也叫upstairs，因为他们住在楼上；劳动阶层也叫downstairs，因为他们住在楼下，是厨房干活的。英国有个电视连续剧，叫*Upstairs Downstairs*（1971），讲述了1903年至1930年间，

---

[52] Evening Standard (31 Oct. 2017)"Nine UK schools produce country's most powerful people"; Available at: https://www.standard.co.uk/news/education/nine-uk-schools-produce-countrys-most-powerful-people-a3672371.html

"楼下"仆人和他们"楼上"的主人的家庭故事，显示出
英国贵族阶层的缓慢衰落。而在《唐顿庄园》中，还表
现出第一次世界大战爆发时，英国征兵上前线，打破了
Upstairs和Downstairs的界限，各阶级开始融合的历史
变迁故事。

　　最近这二十年，许多英国私校也开始涌入中国市场，
在中国开分校。过去的国际私立学校，只是为在华的外国
人开办的，学生都是外国人的孩子。近二十年来，中国经
济发展速度极快，许多中国人在海外生活十几年后，由于
各种原因返回故乡。他们当中，有许多人是已经持有外国
护照的海外华人，孩子也是在海外出生的，英语变成了第
一语言，中文反而比较薄弱。国际学校在中国的蓬勃发
展，既照顾到外籍人员子女的需求，也照顾了中国华侨返
乡者子女的需求，使这个群体的孩子能够在回国后继续接
受西方教育，保持课程学习的连续性。再加上国内中产阶
级对孩子英语学习的渴望和重视，国际教育正在中国蓬勃
发展壮大。据了解，我国有四种不同类型的国际学校：外
籍子女学校、中外合作学校、中资私立双语学校、公立学
校的国际课程班或国际部。

　　近十几年来，以出国留学为目标的国际学校和国际班
在我国大陆越来越多。据报道[53]，国际学校从15年前的十
几所学校，增加到现在的530所，招收共326,000名学
生。在2010年至2014年间，仅上海的国际学校数量就增

---

[53] Y. Sharma, BBC News (24. Feb. 2016) "Asia drives demand for international schools" Available at: http://www.bbc.co.uk/news/business-35533953[Accessed on 21 Oct. 2017]

加了近40%，教育71,000多名学生。一些英国私立精英中学，由于培养出了社会各界成功人士及知名人士，在中国家长心目中享有很高的声誉。

这些学校通常全英语授课，或双语教学，教学大纲从美国的AP，到英国的IGCSE，IB，A-Level；英语测试也从美国的TOEFL，到英国的IELTS，五花八门，应有尽有。国人也对此现象习以为常了。家庭条件好的，特别是中国的富裕阶层，都愿意把他们年收入的20%到25%投资在孩子的教育身上，送孩子出国深造。

21世纪伊始，出国留学逐渐低龄化，中学生甚至小学生开始走向英国私立全日制寄宿学校或非寄宿学校，伴随而来的是家长陪读，或找监护人监护、管理生活起居等事宜，又一个新兴产业在英国落地开花。与此同时，国际学校大量涌入中国市场，特别是英国老牌名校，有的在中国很多城市开办分校，备受青睐。近几年，国际学校学生日趋低龄化，从过去的国际高中向国际小学、国际幼儿园蔓延。尤其是二胎政策放开后，对高质量幼儿园的需求量增大，越来越多的国际幼儿园应运而生。英式教育和英国私校变成了中国家长的宠儿。

古人云：万般皆下品，唯有读书高。可见国人对教育的重视程度是自古以来就继承下来的。英国私立精英中学的大量涌入，正好迎合了中国传统文化和国人的心理状态。

最近在英国伦敦又成立了第一家中英双语私立小学，目前它是在英国甚至全欧洲唯一一所中英双语学校，为3

至11岁的儿童提供完整地道的双语教育，并在2017年9月正式招生开学。该小学的全部科目，由中英两种语言同时进行教学。学校对家长的许诺是：到孩子上中学时，将可以完全流利地使用普通话对话。该校仍然遵循英式教学理念、教学大纲和管理模式，只是使用中英两种语言同时上课，学生在课堂上使用两种语言学习的几率基本相同。在教学方法上，该校遵循"上海数学教学方法"，有条不紊地深入学习，直到每个孩子都掌握了为止。通过使用这种教学模式，加上双语教学，希望这里出来的学生更具有国际竞争力。

中英双语学校在美国有200家，匈牙利有一家，而在伦敦，这还是第一家。该校致力于提供两种文化和教育体系，将学生培养成有企业家意识的，追求学术卓越、具有较高创造力和社会交际能力的新型人才。

在国内，与国际学校同步发展的，还有数不清的各类非学历教育培训机构。这类培训机构是正规教育的补充，通常在下午学生放学后以及周末开课。学校的补课内容名目繁多，许多孩子从幼儿园就开始学英语了。家长认为，这将为孩子进更好的小学和中学打下基础。

虽然英国教育有许多我们需要学习和借鉴的地方，但我担心的是，长期这样下去，会不会助长崇洋媚外的思想？外国的月亮不一定比中国的月亮圆。中国有句老话：宁为鸡头，不为凤尾。英国人说：宁在一个小池塘里做条大鱼，也不在一个大池塘里做条小鱼。然而，这些老话似乎在当今国人眼中已经没有多大意义了；追求名气，追求名牌，追求高大上仿佛才是主要动机。人们首先看中的并不是某人在校的真才实学，而是他所就读的学校本身。有趣的是，自2014年以来采访的近3万名大学毕业生中，就读名牌大学与否，与个人的生活质量和幸福指数并无关系[54]。所以劝家长多多与孩子交流，掌握正反两方面的信息。这样做出的决定，才是有的放矢的、不盲从的、明智的决定。

在我看来，追求英国贵族教育，其本质是追求权力和地位，并不完全是追求知识本身。人们追求英国的贵族教育，是为了走进权力和地位的社交圈，学习英国的绅士礼仪、餐桌举止等等，做一个绅士。这固然很好，但我们中国的儒家文化何尝不是教我们如何做绅士呢？孔子特别强调儿子对父母的孝道，以及父母，尤其是父亲对儿女的教育责任。做一个绅士，在孔子看来是做一个"己所不欲，勿施于人"的君子。在当时的社会，君子如何进餐等举止也是要求非常严格的。我们的儒家思想和传统文化，一点也不逊色于英国的精英教育。其实英国的绅士风度，不就是远在天边，近在眼前嘛！

[54] A. Wang, *The Atlantic* (20 Jul. 2017) "Why Whites and Asians Have Different Views on Personal Success"; Available at: https://www-theatlantic-com.cdn.ampproject.org/c/s/www.theatlantic.com/amp/article/534237/?from=timeline [Accessed on 21 Oct. 2017]

第二节:

英国私校入学考试制度简介

　　关于英国私立学校的介绍,作者已经在第三章第一节中做了详细阐述。这里,我主要谈一谈以下几个方面:

1. 报考私校需要准备的几种考试

　　相信大家一定听说过11plus(11+)吧? 我在本书前几个章节也提到过。那大家听说过13+吗? 还有16+? 这些考试又是怎么一回事? 下面的表格简单归纳了一下(表5-2-1: 什么是11+、13+、16+考试?)。

表5-2-1：什么是11+、13+、16+考试？

考试类别	11+	13+	16+
背景简介	英国公立文法中学和私立中学，其招生是有选择性的。11+考试就是这种入学考试，用以判断孩子的学业能力。 11+不是一项强制性考试，完全由您决定是否希望申请到一所文法学校或私校。	如果你一心要上文法中学或私立中学，却没有考过11+，你可以考虑13+考试。 参加13+条件：必须拥有11+考试成绩，而且是及格成绩。需要注意的是，13+考试阶段学校拥有的空位，比11+少得多。通常每个学校也就是1-2个空位的样子。	要想进入英国公立文法中学或私立中学读书，16+考试就是最后一次机会了。 试题通常基于GCSE或AS级考试大纲的内容。
考试内容	• English（英语） • Maths（数学） • Verbal reasoning（语言推理） • Non-verbal reasoning（非语言推理）	• English（英语） • Maths（数学） • Science（科学） • 或11+四项综合考试笔试或电脑答卷	考试科目：如果学生决定了自己将要选修的四门A-Level课程，那16+考试就考这四门课程的内容。
年龄	考试设置在小学5年级末，或6年级初；学生年龄为10-11岁。	考试对象为8年级和9年级的中学生，年龄在12-13岁之间。	考试对象为16岁学生，目的是为了取得文法学校或私校就读12年级（A-Level）课程的资格。
考试机构	主要有两个： • CEM • GL Assessment	用CEM 考试委员会题库的试题，或学校自己出题	没有标准化试题，这些考试由学校内部编写。考试的时间大约为45分钟至1小时之间。

2. 如何帮助孩子做好11+、13+和16+考试准备？

为孩子准备11＋考试任务相当艰巨，以下是一些简单的建议：

● 了解您所在地区的11+规定：11+考试是高度区域

化的，孩子的考试科目取决于家庭居住地和要申
请的公立文法/私立学校。建议直接联系申请学校
了解具体情况。

● 什么时候开始准备11+? 孩子从小学4年级就应该
开始准备，熟悉题型，获得考试技巧。很多网站
有很好的练习题和辅导老师。

● 为孩子制定考试练习时间表，做好充分备战准备。
特别注意平时要多读英文文章，扩大词汇量。

关于13+考生如何再次准备考试的问题，请个好家教
将会对孩子帮助很大；同时也与孩子目前就读学校的学习
情况有重大关系。建议家长了解孩子的情况，对症下药。
至于准备16+的考生，建议考虑在10年级时配备一对一辅
导老师。

通常英国公立学校使用的是GCSE（General
Certificate of Secondary Education）教学大纲，但
许多私校，尤其是特别优秀的私校，使用的则是IGCSE国
际教学大纲（International General Certificate of
Secondary Education），而不是GCSE教学大纲。由
于政府的"业绩表格"中不显示IGCSE成绩，所以这些
私校往往在排名榜上是找不到的。在比较私立学校时，
A-level成绩应该是一个更好的数字依据。

3. 低龄留学的苦恼与收获

现在去英国留学的中国学生年龄越来越小。从前只
有大学生留学，现在有许多中学生也留学英国了。有的上
寄宿学校，有的找到当地华人或英国人做监护人，寄宿在

监护人家里。但无论住在哪里，对孩子都是一个挑战。那么，如何帮助小留学生做好心理准备，并在生活上给予支持，便是广大家长最关心的问题。

住在寄宿学校的学生，其学习生活学校都有精心安排，生活起居也有专门的老师负责监督；周末学校通常组织活动，开专车带孩子们出去野外郊游或参观英国历史古迹。所以小留学生可以学到在国内学校学不到的东西，扩大知识面。建议孩子一定要多和其他同学交流，不要总是把自己关在宿舍里学习。家长花钱送你出来，不仅仅是为了学知识，还为了学习当地文化和风俗民情。要多交朋友，提高自己的社交能力和语言表达能力，这也是留学的重要部分。这样才真正不辜负家长的苦心。

对于寄宿在监护人家里的孩子来说，其实也是个不小的挑战。有的孩子早上的早餐只是一杯牛奶，两块面包片和一个苹果，孩子既吃不饱，也不习惯，结果经常饿肚子。有个监护人在孩子走后发现，他的卧室衣柜里堆满了三明治。监护人感到很浪费，也不理解，希望孩子要与监护人及时沟通才是。也听说过这样的事：孩子晚上洗澡，监护人计时，时间一过就关电闸门，没了热水，孩子身上却还是肥皂沫。

有个小留学生，就寄宿在监护人家里。晚上自己去洗手间，完事后发现没手纸了，便打国际长途电话向妈妈求救。妈妈听了着急，急忙打国际长途电话给校长，要求立即解决问题。校长得知情况，立即打电话给监护人。监护人这才明白，隔着门告诉孩子手纸就储放在身旁的小柜子里。举手之劳的事儿绕着地球转了个来回，整整一大圈儿，成了笑话。

很多中国留学生感到与英国子弟难以沟通，经常会体会到孤独。我在私立中学工作时，有个来自深圳的女孩，经常到我的实验室找我聊天。她感到自己没有朋友，很孤独。她说虽然同学对她很好，老师也很帮助她，但还是感觉有距离。她寄宿在离学校不远的一个中国人家里，周末主人出去打工，只有她自己和主人家的一个女孩儿在家写作业。那小女孩比她小很多，两人没有什么共同语言。她除了上学，就是在家里自己待着，很少出门。我吃惊地发现，她来英国留学这么久，哪里也没有去过，对周围也不很了解。

有些家长对我抱怨说："我的孩子留学英国后，英语水平不但没有提高，反而下降了。"有的孩子因为出国年龄太小，学校老师担心地对我说："这个孩子除了上课，其他时间就把自己关在学校宿舍里，不愿意与其他同学一起活动。"问了孩子，得知家长其实也并不富裕，两口子辛苦赚钱供她出国读书，孩子太懂事，希望好好学习，不辜负父母，所以基本没有与同学社交的时间。

然而，有的小留学生家庭条件特别富裕殷实。父母因为开家长会而专程从香港飞到英国，身边还带着一个随行翻译。我自己也在私校工作过，开家长会时，孩子没有一点心思听老师讲学业上的事，只是不停地询问什么地方最好玩，明天好带父母出去。

有些家长送孩子出国的原因是这样：孩子成绩不好，

担心考不上好大学，不如送他出去留学，在国外换个教育环境成绩也许就提高了。他们认为，英国教育环境宽松，孩子可以愉快成长。而且在英国，每个孩子都受到老师同样的重视，所以孩子不会因为成绩不好而被老师忽视，从而产生自卑心理。相反，孩子可以发挥自己的专长，学习自己喜欢的科目，突出优秀的一面。这也许是低龄留学的一个优势吧！

低龄留学的另一个优势就是语言优势。因为年龄较小，语言学得比较快。但也有误区，那就是误认为如果突破了语言障碍，就比较容易融入到当地社会中去，甚至在英国找到理想的工作。而这也正是国内家长送孩子低龄留学的期望之一。但真实情况是否如此呢？一个华人学生是这样说的：

"我的英语不是问题，我保证。我也很用心和当地同学交朋友。但到了第二年，我发现自己只有两个朋友，我感到很压抑、伤感和孤独，同时意识到在自己同胞的社交圈里交朋友更快捷，更容易。但我发现我们在一起，经常听中文歌曲，看中文电影，给融入当地社会带来更大的挑战。"

——中国学生H，17岁

　　还有一种相反的情况：小孩很快掌握了英语，接受了当地文化，习惯了西方社会的生活方式和思维方式；回国工作却产生了不适应的逆转效应，难以融入国内社会。如果弄不好，会被两个社会都边缘化，既不属于英国，也不属于中国。中国留学生本来以为留学可以获得国际化的教育理念，启迪人生、扩大人生阅历等，真实情况却有可能是被社会边缘化了。有个中国家长将自己的两个孩子送进了英国贵族学校，几年下来的感觉是，自己的孩子并没有因为和英国贵族孩子一同上学而建立起良好的社交网络和私人友谊，所以并没有真正得到社交圈上的优势。学校学生的社交也是分层次的。

　　无论如何，低龄留学逼着孩子一天天独立成长起来，独立处理问题的能力也随之增强。在国内，尽管大家也非常重视培养孩子独立解决问题的能力，但毕竟是在自己熟悉的环境中生活，加上父母又在身边，没有压力，很多时候也只是纸上谈兵而已。但在国外，孩子没了依靠，会成长得更快。

　　那么，不管的小留学生也罢，大留学生也罢，支付昂贵学费、生活费出国留学到底值不值呢？关于这个问题，一个中国留学生是这样说的：

"我们从小在中国传统大环境的熏陶下，潜移默化中对很多事情都有固定的思维模式。但出国发现，原来想法可以那么的多元化，开始理性分析了。中西两边各有各的好，我尊重别人与我们的不同。"

——中国留学生

有很多留学生认为，出国留学不仅仅拿到的是一纸文凭，更重要的一点，是培养了个人的独立生活能力和生存能力，增强了自己独立思考、冷静解决问题的能力，降低了对父母和朋友的依赖性。西方文化尊重不同的想法和做法，有个性发展的空间。

尽管中国留学生人数多，学习成绩优异，但也有许多英国教师对中国留学生的印象是：课堂发言不多，太安静；认为他们参加小组讨论或项目设计活动时，贡献较小。这种现象有可能是语言上的问题，也有可能是文化上的问题。有时即使语言听懂了，好像还是不怎么明白，那可能就是文化上的原因了。

建议中国留学生出国后尽量多锻炼自己，不要将自己的社交活动只局限在中国学生圈子里。也许这也正是为什么家长抱怨孩子英语不但没有进步，反而退步了的原因。

我个人观察（不代表全部），业余时间中国学生经常聚在一起，自己烧饭，自娱自乐，讲中文。中国留学生与其他国籍同学的交往大多只局限在课堂上，课外交流不太多。其实课外交流才是真正了解当地风土人情和英国文化的好机会。尽管有时不是自己不想社交，而是有隐隐约约的被排斥感，还是要尽量克服自我，战胜自我。通过社交学习，了解英国文化，这对自己思想上的成长很有帮助。尤其是在当今21世纪，国际经济一体化的时代，拥有开阔的眼界，是事业成功的基础和保障。

总之，留学改变人生轨迹，尤其是低龄留学，家长一定要慎重考虑。先把留学的目的搞清楚再做决定，同时要考虑孩子的意见，千万不要追随潮流或自作主张。生命是孩子自己的，路还是要孩子自己走的。请家长多听孩子的意见，权衡利弊，选择最适合自己孩子发展的道路。

第三节：

喝了洋墨水，是不是就业能力就提高了？

　　近二十年来，我们看到出国留学人数急剧上升，广大家长和学生坚信，喝了洋墨水将提高就业能力。政府机构、学校、学生、家长都因此非常关心国际教育。有报道显示[55]，全球的国际留学生从2000年的210万增加到2014年的约500万，每年增加10%；到2025年，国际留学生人数预计可达到800万人，其中53%的学生来自亚洲。英国文化协会2012年预测，从2011年到2024年间，35%的增长率来自于印度和中国的国际留学生。

---

[55] K. H. Mok & H. Xiao, *The World University Rankings* (March 29, 2017) "When Chinese students study in the UK? Do they become more employable?" Available at: https://www.timeshighereducation.com/blog/when-chinese-students-study-uk-do-they-become-more-employable#survey-answer [Accessed on 21 Oct. 2017]

有数据统计[56]，在2008－2009学年，去英国留学的中国留学生总数为2.8万人；2014－2015学年，这个数字为9.0万人，成稳定上升趋势，并逐年增加。

英国的大学为了吸引和留住学生，使出了各种各样的招数。例如给自己的本科毕业生提供学费优惠，即在完成本科学历后，凡愿意在本校继续攻读硕士研究生的毕业生，将获得学费上的优惠待遇。这个政策的确有号召力，再加上英国硕士只需要一年即可完成，以及学校大力宣传关于获得硕士学位将提高他们就业前景的理念，中国留学生不动心都不容易。读书深造是为了探索未知世界的传统动机成分越来越小了，而为了求职需要的动机逐渐成为主要原因。也就是说，大学不再是传统意义上的象牙塔、探索未知世界的摇篮，而是变成了商业市场上的摇钱树，以及学生在求职方面的金钥匙。

"即使我家人与公司有熟人关系，如果没有外国学位，我同样无法获得面试的机会。虽然有些用人标准公司不会明文公布，但你知道人事处的官员将根据其高等学历选取候选人，并倾向于招聘海外留学回国人员。"

——中国留英大学生A

[56] Statista, "Number of students from China that study in the United Kingdom between 2008/09 and 2014/15* (in 1,000s)"; Available at: https://www.statista.com/statistics/372922/number-of-chinese-students-in-the-united-kingdom/ [Accessed on 21 Oct. 2017]

"如今，找到一份好工作确实不容易。出国留学，学习地道的英语，更多地了解西方文化，可能有助于我未来在中国申请工作。国际经验被认为是非正式的先决条件。"

——中国留英大学生B

"获得学历很重要，但在课堂以外获得的技能也很重要。在国外学习有很多深刻认识西方文化，提高自我管理能力的机会。"

——中国留英大学生C

　　有些留学生很清楚自己的留学目的，那就是为了给自己的将来创造更好的就业机会。但也有人认为，接受更好的教育，以及更好地了解英国文化是出国留学的主要目的。这些留学生表示，喝洋墨水不仅仅是为了取得一个高学历，更重要的是他们在海外学习过程中获得了软实力，例如语言沟通能力，人际交往能力，自我管理能力，组织能力以及分析问题、解决问题的能力等。同时，他们的国际视野也扩大了，变成了21世纪的"世界公民"。此外，他们的海外学习和生活经验，也让他们学会尊重和容忍不同的文化，使他们能够更好地适应外部环境的变化。当离开国内熟悉的环境和已有的社交网络后，留学生们学会了自己去面对挑战。不管他们出国的动机是哪一种，有一点是共通的，那就是他们都认为获得国际经验将给他们在求职和后续职业发展方面带来优势。

虽然一些留学生仍然希望找到一个理想化的终身工作，一个周一上班，周五下班，周末休息的稳定工作，但大部分学生开始意识到当今的职业市场已经不再是从前的情形了，一个好文凭并不一定能保证一个好工作，终身职业或"铁饭碗"的时代已经过去了，他们不再认为稳定、有保障是理所当然的事了。传统的工作场所正在被信息时代的技术手段所代替，而且其发展趋势呈加速度状态。灵活的适应性和敢于冒险的精神，是当今年轻人必须具备的品质。这对广大家长和学生来说，是一个很大的挑战。

"与我们父母不同的是，终身职业或'铁饭碗'不再存在。尽管难以接受，但还要勇敢面对现实。我们不会在一生中只拥有一个职业，而是会有一系列不同的职业。"

——中国留英大学生D

"我非常清楚，终身职业或'铁饭碗'在现实生活中已经不复存在。这就意味着我们这一代必须具有更加灵活的态度：如果自己的职业消失了，我必须做好接受再次培训的准备。具有不同行业的工作经验对知识的更新和技能的发展将起到促进作用，同时丰富我的人生。"

——中国留英大学生E

　　尽管许多学生已经意识到了人才市场的变化，但并不是每一个学生都在思想上做好了准备。最近看到英国某大学对中国留学生就业情况的追踪调查，可以看出[57]：中国学生缺乏职业规划，超过60％的留学生只有一个基本的职业目标。89％的大学生毕业后回国工作；只有11％留在英国，他们当中绝大多数是男生，攻读硕士研究生，专业以科学、工程、数学和社会学为主。文章指出，来自低收入国家毕业生，在接受了昂贵的教育培训后，往往选择留在西方国家追求个人事业的发展。

　　最近在我手机上看到一个英国朋友这样问道："我们这一代人的工作安全感是否完全消失？我知道自己在21岁时，我的第一个全职工作不会是一个长期的工作；但没有想到的是，9年后的我开始了我第四份工作。我在30岁之前，已经更换5次工作了！还有比我更换工作更多的朋友。是不是每一个新工作，我们都只能干上一两年，然后就不得不再换工作呢？"

　　在英国职场，学历从来就不是找到工作的决定因素，它只是一张入场券而已。喝了洋墨水，并不一定就能保证找到一份理想的工作，或是提高就业能力，只是优势明显而已。但在中国职场，名牌大学的毕业证，甚至是名牌大学的硕士以上学历证书，是找到好工作的必要条件；但我

---

⑤⑦ Research Report (Jan. 2016): "Standing out and Fitting in: The Paradox for UK-Educated Chinese Students"; Available at: https://www2.warwick.ac.uk/services/careers/employers/employers/research/chinese_student_report.pdf [Accessed on 21 Oct. 2017]

认为它只是充分条件，并不是必要条件。如果我是雇主，我是不会让学历和名校遮挡我的用人视线的。洋文凭和就业率之间是否有直接的因果关系呢？您怎么看？

目前，我国有些名牌大学在世界排行榜上的名次逐年上升。有人担心中国大学在全球大学排名榜上的崛起是否会降低中国学生到西方社会留学的比例。但我认为，中国学生如果有能力去海外留学的，仍然不会改变主意。

所以，21世纪的新型人才，应该是具有创新意识和能力的，有创业勇气的，敢于冒险的，不怕失败的，有能力建立新的社交网络的人才。在这个世界经济发展不断变化的大环境中，请问，你对自己今后10年的发展有规划吗？你为自己今后在职业市场上的竞争准备了些什么呢？

第六章

我的中小学教育经历
——20世纪70-80年代的中国教育景观

　　一想起我的童年和小学教育，不禁让我联想起今天的芬兰基础教育。为什么这样说？因为对芬兰教育的描述，让我联想起自己在国内接受的小学教育。芬兰教育，在英国，乃至整个欧洲和美国，都享有极高的声誉。芬兰的PISA考试成绩，也令人刮目相看。当英国政府学习中国教育，引进上海数学时，许多专家、学者质问政府，为什么不学习芬兰模式？这里作者不花大笔时间描述芬兰基础教育，但将其特点归纳列表如下（表6-1-1：芬兰教育特点），请读者在阅读本章节的同时，打钩完成此表格，看看中国当年的基础教育，与今天的芬兰教育，有多少相似之处。由于本章节只描述了作者个人的经历，所以只起到局部参考作用。

表6-1-1：芬兰教育特点[58], [59]

当今芬兰基础教育特点	20世纪70－80年代中国教育
芬兰孩子7岁时开始9年制义务教育。	
不管来自什么社会经济背景，所有的孩子都一视同仁，接受同样的教育，学习同样的基本知识和技能，不按学习成绩区别对待。	
在小学教育的六年中，孩子没有考试和测量，只有在学生16岁时，参加一项强制性标准化考试。鼓励广泛阅读，创造无恐惧感的学习环境。	
玩耍和学习相结合的教学方法，学校不仅局限在教学这一方面。	
教育免费，学校资金100%由国家资助。	
43%的芬兰高中生去职业学校深造。	
国家教学大纲只作为方向性指导。	
芬兰的所有教师必须拥有硕士学位，而且教师是从毕业生的前10%中挑选出来的。	
教师每天只上4个小时的课，但每周要花2个小时进行"专业继续培训"。	
教师实际上享有与医生、律师相同的地位。	

[58] http://www.businessinsider.com/finland-education-school-2011-12?IR=T#in-an-international-standardized-measurement-in-2001-finnish-children-came-top-or-very-close-to-the-top-for-science-reading-and-mathematics-25
[59] https://bertmaes.wordpress.com/2010/02/24/why-is-education-in-finland-that-good-10-reform-principles-behind-the-success/

第一节：

我的童年往事

我出生在上个世纪60年代。妈妈是老师，当时工作的学校叫西安市师范学校，简称市师范，是一所专门培养小学教师的中专学校。我和妈妈住在学校分的单间宿舍里，一排平房中的一间。房间里只有一张床，一张桌子，一个蜂窝煤炉子和一些日常用具。爸爸是机关干部，被下放到陕北延川，在当地农村当农民，我们一年见不上一面。冬天北方的夜，格外寒冷，没有暖气，夜里的热被窝最暖和。那时我还很小，和妈妈睡一个被窝，身体暖，心里也暖。全校教师每天要早早到校，所以妈妈每天早上起得特别早。我经常是醒来之后，发现自己一人睡着。房间里温度很低，冻得我不敢起床穿衣服。

那时的我，没大人管，脖子上挂着门钥匙，经常一人到外面玩耍。看到市师范的学生穿着绿军装，头戴绿军帽，腰系皮带，英姿飒爽地排着整齐的方阵跳舞时，我就喜欢仔细观察，而且是一看就会，过目不忘。自己再重复表演一次时，会一模一样，惟妙惟肖。那时我只有3-4岁的样子，但会跳舞是出了名的，经常在自己家院子门口吸引学校大群的老师和学生们围观。大家就地围坐一圈，里三层，外三层的，我便站在中间开始表演了，而且人越多，我发挥得越好。因为人小，我胸前的毛主席像章就显得特别大。

有一天，我发现经常和我玩耍的几个大孩儿们在编排一个舞蹈，说是要在学校大会上表演。我听了激动地要求加入其中，他们说等舞蹈编好了以后会叫我的。我便一直耐心等待着，从没忘记这事。有一天妈妈抱着我去学校大礼堂开会，当时里面人坐得满满的。领导讲话完毕，台上便开始了歌舞表演。这时我突然看见那群大孩儿们上台跳起舞来。我当时一声大哭，台下的观众全都朝我这儿看了过来。就在这时，一个年轻的男老师，从妈妈怀里一把将我抱起，小跑过去，把我放到了舞台上。我立即加入了他们的队伍，一边看他们的动作，一边跟着跳，节奏却比他们慢一拍，台下一片笑声。我因为还是个小孩儿，个子小，却装作自己事先已经学过了的样子，那心理，我现在还记得清清楚楚。

特别羡慕大哥哥、大姐姐们头上戴的绿军帽，经常要他们的帽子戴。可帽子太大，戴在我头上晃晃荡荡的。"等你长大了，也会有的。"他们对我说。"我要参军！我的帽子还要有红色五角星！"我坚定地说。"可我还要等多久啊？！"我心想。后来听妈妈讲，才知道了我名字的来历：我出生的时候，正好赶上毛主席号召全国人民学习解放军，所以爸爸叫我"杨军"，一个铿锵有力的男孩名字。

我也特别喜欢听样板戏，家里桌子上有一个无线电半导体收音机，要四节大电池的。我经常跪在床上，双手趴在床边的桌子上，耳朵对着收音机的喇叭仔细听。什么段子，不管多长，听完一遍就会唱，而且一字不差，节奏、音节一模一样。《红灯记》中的李铁梅、《智取威虎山》中的常宝、《沙家浜》中的阿庆嫂，这些角色所唱的段子，我全都会唱，从头到尾，分毫不差。就是现在，也可以唱出来，歌词分毫不差。2010年我所在的英国学校接待国内中学校长，有一名校长是音乐学院毕业的，歌唱得好。当时让他吃惊的是，不管什么歌，只要他一起头，我都可以接着唱下去，考都考不住我。他感慨地说："一个非音乐专业的，能记得这么多，不简单啊！"

爸爸的面容我记忆犹新。他每次从陕北延川回来看妈妈，两侧的脸颊都是深深凹进去的，人特别瘦。记得他告诉妈妈，在陕北粮不够吃，吃的馍馍又黑又粗糙，还经常断顿。爸爸人特别聪明，喜欢发明创造。在延川下放时，爸爸发明的抽水机，可以将延河水从下游抽到上游，灌溉良田。水泵能量也很大，可将水抽出水面十几米高。现在还记得爸爸当时描述此事时激动而骄傲的表情。

爸爸特别疼我，每次回来都教我学毛主席诗词。记得爸爸给我了一本毛主席诗词选，书皮是红色的，上面印着白色的梅花，很美。里面的诗词，写得更美。爸爸一个字一个字地教我，我一行一行地学，小小年纪，居然开始有能力欣赏主席诗词的文字之美了。记得我站在硬板床上，手拿蓝色粉笔在白墙上抄写《七律·长征》《沁园春·雪》等诗词时，当时大多数字我是不认识的。但因为会背诵，抄出来的字虽然笔画不对，却没写一个错字，邻居看了也惊叹不已，而这时就看到爸爸脸上欣慰骄傲的表情。爸爸脾气特别好，在我的印象中他从没有发过脾气，却只记得他经常开导妈妈的情形。

妈妈工作的学校解散了。职业中专等专业技术学校不再存在了，取而代之的是全国统一的普通中学教育，目的是为了提倡社会平等和教育平等，消灭脑力劳动和体力劳动之间的差别。

当时市师范解散时，全体教职工被打散，重新分配，大家也都去了各自不同的工作岗位。我母亲被分到了西安市一所大学附属中学任教，而现在这所学校已经是当地声名显赫的重点中学了。记得那天，那一间小屋的家，挤满了学校的老师。有的坐在床上，有的站着，大家都在谈论着什么。我还小，不懂事，但看到妈妈站在那里，手上拿着一个红底白点点的手帕擦眼泪。那时爸爸还在陕北延川下放，没调回来呢。多亏那些年轻的老师们帮忙，我妈才顺利地把家搬到了这个新学校。记得当时这些年轻老师开玩笑问我："小军，你妈想你爸不？"我说："想！"大家就一阵大笑，我妈便不好意思地数落我，叫我别胡说。

还记得妈妈第一次带我来看我们新家时的情形。那是一座两层的用红砖砌成的小楼，楼下住六户人家，中间是公共洗手间和一排水龙头。上面一层住七户人家。年轻的妈妈高兴地给我看房子，说："小军，你看，我们家还有一间厨房呢！"我顺着妈妈手指的方向走去，发现除了这间大屋外，还有一间面积很小的小屋。"妈妈，我要在这儿玩过家家。"我兴奋地说。

有一天自己一人在外面玩耍，突然听到歌声传来："太阳出来照四方，毛主席的思想闪金光……"咦，这不是妈妈的声音吗？我赶快跑回家看个究竟，只见年轻的妈妈站在我家的小厨房里，面对窗户，双手背在身后，正大声唱着。"妈"，我叫了起来。我妈说，学校组织活动，她自己练习呐！说到这里，我不禁想起妈妈为学校运动会开幕式排练团体操的事。记得那天晚上天特别热，妈妈穿着短衣短裤，手里拿着一个草帽，在家里地上铺了个草席，便跳起了《红色娘子军》中的一段："大红枣儿甜又香，送给那亲人尝一尝……"妈妈还真有两下子呐，腿在空中虽然不高，但控制得很稳。受妈妈的影响，我从小就学会了很多芭蕾舞片段，也一直喜欢音乐舞蹈。大家在BBC纪录片中看到的扇子舞，就是我自己一人编排设计的。这个功底，来自妈妈小时候对我的教育和影响。

妈妈是上世纪60年代初西安体院体操系的大学本科毕业生（图6-1-2：我的母亲曾是个体操健将）。她说当时她的老师都是从苏联留学回来的，讲双杠动作要领时，一着急，一串串的俄语就冒了出来。还记得妈妈训练校体操队时的情形，每天一大早天还没亮就开始训练高低杠了，队里一共8个女生，虽然动作难度系数不同，但各个把握准确。她们的训练一年四季，从不间断。而我也随妈妈一同起床，天天在一旁边玩边看。

图6-1-2：我的母亲曾是个体操健将

　　妈妈还负责训练校女子篮球队，经常在外面打比赛。那时候我还小，妈妈一人领着我去城里打比赛，我就坐在体育大厅里的垫子上等妈妈。天已经很晚了，我肚子很饿，大人们却还都在忙着。终于比赛结束了，妈妈的队赢了比赛，大家相互祝贺后便纷纷离开了。妈妈却还在一人收拾场地，整理比赛物件。"妈，我饿，"我说。坐在妈妈的自行车上，我着急回家找东西吃。那时是计划经济时代，没有夜市。却听妈妈说发现自行车没气了，车胎扁了。那一晚回家的路好长好长！妈妈推着车子，在黑夜中走着，没有一点抱怨声。我现在想问，"妈，你累吗？你饿吗？"相信妈妈一定是又饿又累的。

　　我妈是班主任，经常开会（图6-1-3a：年轻时的母亲；图6-1-3b：晚年的母亲），下午下班后还经常骑着自行车出去家访，没有空回家给我做饭吃，我也便自己学着和面，擀面条。个子小，还要站在小板凳上才够得着案板的高度。家门口野生的仁含菜，自己采来洗洗，和面条一起下锅，拌上酱油醋，也就是一顿饭了。所以成人后我学得一身做饭本领，家里厨房的剩菜剩饭，都可以资源整合，充分利用，不浪费，做出一顿香喷喷的饭来，经常让英国老公吃得赞不绝口。因此，每当看到英国家庭每月在吃上的花销和浪费的程度时，我很是吃惊和不理解。现在的英国年轻主妇很多都不会做饭，有的甚至不会切菜、切肉，在超市买现成的食品食用，这些食品又贵，量又少。平时不是用微波炉加热速食，就是点外卖，就连婴幼儿，也给薯条、薯片当饭吃，很不健康。他们还特别在意食品包装盒上的有效日期，只要超过一天，甚至是当天，就立刻扔进垃圾桶，不假思索。我感到非常可惜和浪费。

图6-1-3a：年轻时的母亲

图6-1-3b: 晚年的母亲

其实我妈妈出身十分富贵，她是甘肃河西走廊一带人人皆知的、有名的李家大小姐。但她积极要求进步，主动向党组织靠拢，特别能吃苦，任劳任怨。我的外祖父拥有很大的庄园和苹果园，而河西走廊是西部沙漠中的小江南，地里产的哈密瓜更是又大又甜。由于当地早晚温差大，经常是抱着火炉吃西瓜。妈妈出身殷实，是张掖县（现在是市级）屈指可数的几个女子高中生之一。我现在还保留着妈妈上学时提的小箱子，牛皮的，上面的铜制手把镶嵌着古老而华贵的花纹。妈妈对我说，当时她穿着旗袍，胸前别着一只水笔，提着皮匣子上女子高中时，曾吸引过众多羡慕的目光。后来妈妈也是当地唯一的女大学生，家乡的老人一提起她，都赞不绝口，个个竖起大拇指。

爸爸正相反。他出身贫寒，一口袋粮食，拿到学校要小心吃一年的。爸爸学习用功，考到西安体育学院体操系。因为是学体育的，国家安排伙食规格比较高。记得爸爸曾对我说："刚去大学第一个月，天天吃肉，还以为是新生，享受招待。结果后来才发现，天天吃肉。国家对我们太好了！"所以爸爸总是非常感激祖国，希望报效祖国。《毛泽东选集》四卷在学生期间就全读完了，还写了厚厚的心得体会。他是西安体院当时第一批发展的学生党员，还被送到北京体院进修，学习俄语，是国家重点培养的对象。

妈妈性格开朗活泼，优越感强，大学时追求她的男生不少。爸爸性格内向，艰苦朴素，个子也不高，所以从没有引起妈妈的注意。有一天妈妈被校党支部书记叫去谈话，说杨同志是个好同志，希望和妈妈组建革命家庭。妈妈对我说："那时候，一切听从党组织的安排。"所以，爸爸和妈妈是先结婚，后恋爱的那种。

我上小学时，爸爸终于从陕北延川调回来了，恢复了公职（图6-1-4a & b：我的父亲）。记得爸爸对妈妈说，是周恩来总理的亲笔指示，爸爸才调回来恢复了原职的。他每天早上骑自行车去上班，晚上很晚才回家，中午不回来。爸爸出身贫寒，能上大学接受正规教育，他非常感谢党的关怀，是个忠诚的共产党员。爸爸对我十分关心，总是用毛主席的话教育我："谦虚使人进步，骄傲使人落后"；"一个人做点好事并不难，难的是一辈子做好事，不做坏事"，等等。爸爸也用中华传统理念教育我，例如"己所不欲，勿施于人"等，只是父亲家乡口音太重，我一直没弄明白这句话的深刻意思。尽管如此，这句

话还是深深地刻在了我的脑海中。后来BBC拍片，我也将
父亲给我的中国传统教育，传给了英国孩子们，那真情实
感，好像当年父亲对我的关爱一样。

图6-1-4a：我的父亲

图6-1-4b：我的父亲

　　我的成长，与爸爸的榜样作用以及他无微不至的关
心爱护密不可分。爸爸研究的"天地人合功"，将人和宇
宙的关系研究得很独特。他参加过国家级科研大会，并获
大奖。那时我不懂这些，现在想来我爸很聪明，思想很超

前的。爸爸一直有以水为动力燃料的想法，当时受到了很多人的讥笑和嘲讽。我们全家也都给他泼凉水，却没有一人帮助支持他。现在看到报道，美国大学的一个博士生用纳米技术，将水分子分解为氢气和氧气。氢气作为汽车燃料，氧气释放到大气中无污染。开车时水分子分解，释放燃料；不开车时就只是水在车里，非常安全。"这不正是爸爸一直琢磨的事吗？"我问自己。后悔自己当初应该带爸爸去图书馆查资料，而不是说泄气话；图的不是发明是否成功，而是理解爸爸，做个体贴的好女儿。

记得妈妈的新学校，食堂饭菜可丰富了，有肉、粉条、炒菜、馒头等，样样都好吃。印象最深的还是那切得方方正正的玉米面发糕，黄黄的，甜甜的，看上去好像鸡蛋糕一样。虽然是粗粮，却特别好吃。有时候学校会做忆苦思甜饭，馒头黑黑的，菜汤里可以看见空心的干麦秆。记得学校里有三个中年男性大厨，即使是这忆苦思甜饭，也做得很有味道，现在想起来还想再喝一碗忆苦思甜汤呢。

每家都有一个粮本，按人口限量供应粮食，分细粮和粗粮，有比例的。为了到月底还有粮吃，许多家都将细粮和粗粮混起来蒸馍，煮饭。楼上有家邻居有三个男孩，饭量大，每月没到月底粮就吃完了。而我家女孩饭量小，粮本上虽然细粮用完了，但粗粮还有余粮。邻居经常到月底借我家粮本去买回那些剩余的粗粮。我也经常出去挖芨芨菜包饺子，采仁含菜下面条，站在小板凳上擀面条，擀面杖比自己的个子还要高。

小时候，女生经常在外面玩跳皮筋，踢毽子，踢沙包，跳大绳。男生玩烟盒，弹球，摔跤，摔包子。摔包子玩的是一种泥，用手揉得很均匀，捏成凹状，狠劲往地上一甩，"啪"的一声，看谁甩得最响。小时候为了玩跳房子、踢沙包，自己动手缝沙包。从家里找来碎布，剪成六个小方块，用针缝起来，里面装上大操场沙坑里的沙子，就玩了起来。因为老露沙子，所以得自己想办法补洞，时间长了，学了一手好针线活。毽子也自己做，主要是毽底儿，找个铜钱，中间有孔的，用布缝上。一个小塑料管，一头劈开固定在中间，针线从中间孔中穿过。然后就开始满院子里捉大公鸡，不捉住绝不罢休。在活鸡身上拔毛，屁股上的毛又大又鲜艳，插在塑料管中，就开始踢了。头上两个刷刷辫，与毽子一同，有节奏地上下跳动。现在想起来，那铜钱儿外圆内方，刻有古文，不定还是个值钱的古董宝贝呢！

那时家家都养鸡，尤其是母鸡。下的蛋用铅笔在蛋壳上写上日期，舍不得吃，时间长了可以攒一脸盆。同时院子里种向日葵、豌豆、丝瓜等，下午回家和院子里的同伴围坐在小方桌子前写作业，头顶上的丝瓜架上垂吊着形状大小不一的瓜果。爸爸爱吃辣，我家门口就种满了辣子，而且这辣子特别辣。

院子里的公共水龙头，到了冬天水便冻在管道里，即使打开水龙头也不会出水的。每到此时，那个住在平房第一户的老师就找来一些稻草，点燃了后烧管子。管子被烟熏得黑乎乎的，水却流了出来，这样全院子的人就都可以用水了。家里取暖、做饭用的是蜂窝煤炉子，经常早上起来发现炉子里火灭了，没有热水，早上洗脸冻得要命。

第二节:

我的小学和中学教育

　　我那个年代,上学是不交学费的。每年开学只交几块钱的学杂费,好像今天芬兰的教育模式,也没有重点、非重点学校,私立和公立学校之分。记得爸爸妈妈当时月工资每人只有¥57,家里生活拮据。妈妈曾对我说:"从大学毕业到现在,家里添了三个孩子,工资却一直没涨过。"所以开学报到时,看到其他同学都拿着一张10块的大票子,我心里特别自卑。我的学费,是昨晚爸爸妈妈刚凑够的,一大堆毛毛钱,交学费时我非常不好意思。没想到我的班主任老师看到这些零钱后,却高兴地笑了起来,对我说:"太好了,就差零钱,刚好没零钱给学生找呐!"

　　每学期开学报到第一天,少不了大打除。教室内外,桌椅板凳,窗户玻璃等,同学们都自己动手打扫得干干净净，就连大打除的工具，包括抹布、脸盆等，都是同学们自己从家里带来的。而每天下午放学，小组轮流值日打扫教室卫生，小组长负责，大家更是自觉，老师很少过问。一组大约十来个人，有的扫地，有的擦桌子，有的擦玻璃，有的倒垃圾，自我分工，自觉自律。经常是卫生打扫完毕，大家鼻孔都是黑黑的，相互嬉笑着回家，从没有同学偷懒，也没有家长接送。在英国工作，吃惊地发现学校的卫生是雇用清洁工做的，学生从来不干。有一次我与一位英国清洁工聊天，才发现她居然是伦敦某大学的博士生！我更晕头，找不到逻辑了，博士生和清洁工如何画上等号？博士生怎么可能是清洁工，而且是长期的，至少每天放学她都来我实验室做卫生。

有些学生在上课时把用来写作业的信纸揉成蛋蛋在教室里随便乱扔，叫捡起来，得到的回答却是："不是我扔的，不关我的事。"即使是自己扔的，也需要我好好劝说，才可能有人顺从去捡起来。是文化差异，还是我思想保守？其实从小给学生一点责任，让他们承担，不要保护过分，也是一种教育。在英国上实验课，发现没几个学生会划火柴点酒精灯的。英国教育所谓培养学生的独立能力和创造能力，我看不尽然。

我在小学时，每天早上早自习，全班同学大声朗诵语文课本，还有乘法口诀表，一遍又一遍，不厌其烦。教室里没有暖气，一到冬天每个人的双手双脚都冻得又红又肿，却从来没有同学或家长抱怨，也从来没有人因此而旷课。说到这里，我不禁联想到在英国第一年教书时的事儿。那一天下了一场雪，比起西安的雪，根本就不算啥。可是校长宣布停课，说是Health and Safety（健康和安全）的原因。全校师生兴高采烈地提前放学回家了，我心里好生奇怪，下雪是自然现象，而且这雪，与西安的比起来，真是小巫见大巫呀！我过去在国内从来没有见过因为下雪而学校关门的事。还有背乘法口诀表，小时候早自习全班同学一起朗读，嗓音洪亮，特别快乐。同学们计算起数学题来速度特别快，而且特别准确。没有谁背不了乘法口诀表的，即使是学习吃力的，也会背诵。同学们的计算速度都特别快，所谓熟能生巧嘛！可来到英国教书，初三的学生了，计算个简单的溶液浓度问题，还要依赖计算器。我看一眼就得出的答案，学生因为找不到计算器，半天没有答案。我心里很着急，真想教他们背诵乘法口诀表。虽然我对中英教育有这样的体会，但却从不敢说出来，即使说了又有谁真正理解呢？中国和中国教育，许多当地英国人是不怎么了解的，也不是每个英国人都有兴趣去了解的。我作为唯一的中国人，为了与大家搞好关系，做好工作，很努力地去学习他们的思维方式、办事方式，经常也只是多干活，少说话而已。

都说中国教育古板、单调，扼杀学生的创造性，而我的童年教育，却完全不是这样。那时候学校经常带领我们去当地附近的菜市场听售货员给我们讲数学，将课堂上学到的数学计算知识运用到实际生活中去。记得大家团团坐在地上，听师傅讲实际运用事例，大家学得开心，领会得生动具体。

我小学教室的后墙上的黑板报，两周一换，全是班里同学自己自发组织，编辑内容而创作出来的，老师很少干预。黑板报上有文章，也有漫画，每一期的主题也不一样，但大方向都是当时报纸广播上的内容。老师经常说："要关心国家大事。"大标题设计好后，我们班的一个男生就开始用红粉笔在黑板正上方端端正正地写好。他的毛笔字写得特别漂亮，所以他负责这项工作。那时一周是六个工作日，而每周三下午老师政治学习，我们不上课。所以更换黑板报的工作，通常就是在这个时间进行的。

说起粉笔，同学们也非常爱惜。学校有个校办工厂，同学们在老师的指导下，自己制作粉笔。记得我们年纪小小，非常遵守纪律。老师将同学分组作业，每个流程都不一样；有的流程会更有趣更好玩一些。但从没有人跟老师提要求更换小组，更没有嬉笑打闹，不听从指挥的情况。我们在自己学校的校办工厂做粉笔，做好的粉笔老师直接上课用。因此，我们大家都非常珍惜每一根粉笔，就连掉在地上的粉笔头，我们都会自觉捡起来，重新回收。本来"爱护国家公共财产"就是我们接受德育教育的一部分，再加上粉笔又是我们自己做的，所以大家都分外小心珍爱。

我们班还养了两头猪，一只羊。每天下午放学后同学们分小组轮流去喂猪喂羊。每个小组由四人组成，我们组是两个男生，两个女生。记得我们四个人中，两个人负责打扫猪圈，两个人负责给猪煮饭。猪圈旁有个小屋，里面有个用土打造的炉子，上面放了一口大铁锅。我们要自己烧柴煮大青菜叶子，再添加玉米面粉，做成粥，放到桶里提出去给猪吃。可是猪会经常跑出圈门，我们几个又开始到处追猪。记得这活挺脏的，但从没有同学找理由缺席。喂羊的事记不清了，只记得那天轮到我喂羊，天下着雨，我一人来到羊圈，看到那只羊自己站在漏雨的羊圈里，地湿湿的。它见了我就叫了起来，可我那时还小，不知如何是好，只是站在外面和它一起叫，它一声，我一声……

最记忆犹新的是我们学校的"毛泽东思想宣传队"。我的很多舞蹈技巧，都是那时学来的。我们的"毛泽东思想宣传队"，是由我所在的小学和马路对面的一所中学的学生联合组成的。学校的乐队很专业，吹拉弹唱样样俱全。他们当中的大多数成员，都是马路对面的中学生，但每天下午排练节目，却是在我们的小学大礼堂进行的。乐队音乐一响，我就完全被吸引住了。最喜欢黑管的声音，听上去很舒服；而那小号和大号的声音，特别能激发我的情绪；再加上小提琴、大提琴和锣鼓，气势磅礴。打拍子的男老师特别投入，他是搞音乐的，还会作曲。大礼堂旁边是学校的一片麦地，经常可以听到一个男生在麦地里练大号的声音，乐曲是我听熟了的演出曲目。

我们舞蹈学员，是老师从全校学生中挑出来的。每天早上七点到校练功，压腿涮腰，基本功训练很专业的。记得我们的舞蹈老师，是从部队文工团转业来的，人长得特别漂亮，也姓杨。她的舞跳得特别好看，也自己编导了许多不同题材的舞蹈。可是我们经常观察和议论的，却是她指导我们练功时穿的肉色长筒袜。因为那东西太稀罕了，没见过呀！大礼堂的一个框子里，装了满满一堆芭蕾舞鞋。大红色的少，金黄色的多。年龄大一点的，穿红舞鞋；我们这群新人，穿金黄舞鞋。而那个穿红舞鞋的女生，是来自马路对面的中学生。她和两位男中学生跳的《红色娘子军》中的第一场，非常专业。记得她穿一身红衣红裤，裤腿和袖口是撕烂的设计形式，加上大红芭蕾舞鞋，特别像电影里的造型。他们的表演动作难度也非常大，专业性很强。两位男生，一个扮演的是洪常青，而另一个扮演战士小庞的，手里总是拿着一顶草帽。穿金黄舞鞋的小学生，也不示弱，有一个五年级的女生，当年还被北京舞蹈学校选走了。记得她走的那天，我们大家送她到了学校门口，她身上穿了一件新买的红色灯芯绒上衣，胸前的花绣得很精美，整个人显得非常漂亮。当时我只有小学三年级，年龄不够没有被选上。老师鼓励我们加油，可是再也没有见北京舞蹈学校来人了。尽管如此，由于当时西安和日本京都、奈良结为友好姊妹城市，我们接待外宾的表演任务还是比较多的。这些活动，锻炼了我自己，也积累了一些在重要场合的舞台表演经验。

在学校学的这些舞蹈技能，家长不花一分钱，学到的舞蹈基本功后来变成我身上的一部分，永远忘不掉。这张老照片（图6-2-1：十七岁的我），是我上中学时自编自演的舞蹈《满江红》，反映的是宋代岳飞保家卫国的故事。身上穿的服装和发型都是自制的：我在白衬衫上缝上彩色金纸；头上的花也是用彩色皱纹纸自己做的。现在回想起来，我觉得自己在中国接受的教育最好，也令人难忘。它富有创造力，什么都是自己动手想办法，自由而快乐。我不仅学习了数学和科学等学术技能，还学习了音乐、舞蹈和体育。

图6-2-1: 十七岁的我

　　那时的教育，没有省市或全国统一考试，只有学校自己设计的期中和期末考试题。有家庭作业，通常是在课外学习小组完成的，当时有个时髦的名字，叫"向阳院"。老师按照学生的家庭住址组织学习小组，同学们放学回家后，搬个小桌子放在院子中间，小组成员围坐在一起便开始写作业了。学校和学校之间没有考试成绩的竞争，只有互相关心，互相爱护和互相帮助。老师鼓励我们学习雷锋好榜样，做好人好事，做永不生锈的螺丝钉等。我们的课外活动特别多：每逢清明节，我们都要排队去烈士陵园扫墓，回来后写心得体会；也经常开全校大会，请农民伯伯给我们做忆苦思甜报告。写作文是少不了的，每次写东西，大家都抓头皮。第一段和最后一段比较好写，大家都写得差不多，好像八股文一样。开头一段是："今天，天空格外晴朗，我们学校的全体师生，怀着无比激动的心情，聆听忆苦思甜报告。"结尾一段是："今后，我们一定要好好学习，天天向上，誓做无产阶级革命事业接班人。"可就是中间一段伤脑筋，每到这时大家就开始讲话，你看我，我问你，好长时间挤不出几句话来。

每年六月夏收时学校组织我们去附近农村拾麦穗，每人从家里拿一个竹篮子，老师在教室里讲一些注意事项，要求我们做到"颗粒归仓"，大家就排着整齐的队伍出发了。来到田间，脚踩在已经收割了的麦子地上，不小心的话麦秆会直扎脚心，怪疼的呐！同学们蹲在地上低头拣麦穗，整整一下午，拣到的麦穗可以堆积成一座小山了。

积肥也是我们学校义务劳动的一部分。当时城市机动车辆不多，绝大多数人的交通工具是自行车。大街上常可以看到马车，有三匹马的大车，也有一匹马的小车。马走在大路上，有时会边走边排粪便。每当这时，赶车的马夫就会跳下车来，用扫把和簸箕将马粪扫起来倒进马车上的麻袋里。我们积肥，也就是捡马粪。我当时自尊心太强，不好意思上街捡马粪。所以那天到校后，大家都有已经事先积好的肥，就我没有。我不好意思拿空篮子去学校，就铲了一些土提去了。我知道不对，心里正不好意思着呐，没想到这时我的班主任走了过来。她看到我篮子里的土，笑了。我更加不好意思了。这时，一个男生走了过来，将我篮子里的土倒了。我提着空篮子，跟着队伍朝着积肥的村庄走去，心里却很希望像其他同学一样，篮子里有粪。恰巧就在这时，一匹马车从我们的队伍旁走过。更巧的是，这匹马排了粪便。那个男生马上追了上去，用手捡了一个。他捧在手上给我看，圆圆的。"还是热的呢"，他说。说完，就笑嘻嘻地放到了我的空篮子里。我悬了一路的心终于放下了：等到了村里，我就不会因为自己的篮子是空的而尴尬了。

那时我是小学生，少先队员，戴红领巾的。老师经常对我们说："红领巾是红旗的一角，是革命烈士用鲜血染成的。"虽然感到非常骄傲，但也很羡慕中学生当时佩戴的红卫兵袖章，红底黄字，上面的"红卫兵"三个字字体是毛主席亲笔手写，看上去非常有力量。我盼望着自己能早日升中学佩戴红袖章，爸爸却因为担心我上中学后避免不了要上山下乡的命运，送我到市业余体育运动学校（简称业体校）接受专业乒乓球训练，学习一技之长。不曾想我更喜欢舞蹈，再加上在学校接受过舞蹈专业训练，所以打球练基本动作时脚尖总往外撇，挨了不少骂。我现在一打球，动作架势一看就知道是接受过专业训练的，就是那时候训练出来的。

1978年邓小平领导我们改革开放，并恢复了高考制度。学习科学技术，为四个现代化而奋斗是全国人民的目标。大家把眼光转向高考，学校也被划分为重点和非重点中学，小学毕业考试成绩决定中学的去向选择。那时我正好小学五年级，要升初中。在全市毕业统考中，我以优异的成绩考进了当时的市重点中学——西安市第八十五中学。

我的母校，当时是享有很高名声的名校，牌子相当硬。胸前佩戴着重点中学的校徽，引来许多羡慕的目光，我心里也感到非常骄傲和自豪。学校非常重视专业知识教育，但是，由于时过境迁，乒乓球不打了；舞蹈也不跳了；"毛泽东思想宣传队"解散了；校办工厂、校办农场消失了；读书参加高考变成了我中学阶段的主要目标。班里的同学全都是学习成绩优异的尖子生，个个藏龙卧虎，各有神招，突然感到自己平凡无光，不再是优秀突出的了。那时虽然自己专业课一般，却是个天生的短跑能手，爆发力强，频率快，平时不锻炼，比赛时照样拿冠军（图6-2-2：站在一百米起跑线上的我）。别小看这一点点优势，曾给自己增添了很多的自信和希望。

图6-2-2：站在一百米起跑线上的我

当时最怕家长会，因为一开家长会，我们的考试成绩就要排队公开了。跑步咱是第一，但专业课考试也许倒着数更快一些。全班同学的家长在教室里开会，不知我给我老爸带来了多少尴尬。现在想起来都感到丢人现眼，不好意思。老爸虽然从来没有训斥过我，但我可以看出他脸上的失望，我自己也是惭愧不已。但我属于后来者居上那种。成熟一点了，学习成绩就立刻上去了。后来在英国教书，入乡随俗，从来不将学生的成绩排队或公开；只是将学生的考试成绩发给个人，同学们相互不知道对方的成绩，除非他们自己愿意向对方透露分数。老师则是多鼓励，少批评的。有问题的也是单独讨论，设计补习计划方案，非常注意保护学生的自尊心。同时家长会也是一对一的，每个学生5分钟，有针对性地与家长讨论孩子的课堂表现和学习情况，而不是开全班大会，泛泛地讲。但BBC片子中开中式家长会，让我有机会穿越时空，重温当年的经历。

当时我正值青春期，心里开始萌发了对男生的好感。女生在一起时也喜欢议论班上哪个男生最帅，但通常不叫名字，只叫"你旁边那个"。这也是我学习成绩开始下降的原因之一：我开始暗恋了！奇怪的是班里男女生从不说话，虽然是同桌，却也是零交流。经常在课桌中间用粉笔画条线，彼此在各自的领域活动，如若越界，就狠劲用胳膊肘将对方捅回去，毫不留情。那时我本身英语就学得一塌糊涂，考试多项选择题经常是瞎猜答案，没有任何语法逻辑根据。可是"我旁边那个"却坐在那等我：我选A，他选A；我选B，他选B；速度和我同步，给我带来了很大的压力。他个子高，肩膀又宽，所以他的每个动作幅度都比较大。当我思考一道题时，他就坐在那，头偏向我这边等，一动不动，弄得我无法正常思维和发挥。他也不想想，我的选择也是瞎猜啊！

市场上开始出现录音机，日本产的很受欢迎，质量过硬。大家都非常喜爱流行音乐，特别是台湾校园歌曲开始流行大陆。学校组织春游，载我们出去的车还是个大卡车，拉货用的那种。同学们很兴奋，卡车一开进学校的大操场，同学们就急不可待地爬了上去，站在卡车后备箱上，雄赳赳气昂昂地出发了。到了目的地，有的同学将带来的录音机打开，体积挺大，装上六节干电池，大家一边走着，一边唱着"走在乡间的小路上……"，心情极好。班主任从学校借来了照相机给我们摄影，不会使用机子，大家站在那好久，脸上的肌肉都笑僵硬了，可老师还是没有照上。弄了半天，原来忘了将镜头盖取掉，光线进不去呀！

1977年，中断了十年的高考制度得以恢复，高等院校开始面向全国招生，同时取消了对学生家庭出身和政治背景的考察，迎来了大学发展的黄金时代。那时学生上大学不缴学费，学校还根据学生家庭经济情况给予补助。农村的孩子可以通过考大学跳出农门，农村户口变城市户口。那时的大学生是天之骄子，国家包分配，每个人都会在毕业后有一个固定的正式工作，拿到铁饭碗。但本着从哪里来到哪里去的基本原则，也拆散了许多大学生鸳鸯。师范院校的学生，国家不但包学费，包住宿，还包伙食费。每月定期给大学生发饭票，比其他大学待遇更优越一些，目的是鼓励年轻人报考师范类院校，干教书育人这一行。所以当时社会上诙谐地将"师范大学"叫做"吃饭大学"。

20世纪80年代后期的教育改革，与十年前的改革有所不同。从前的改革主要是集中在对教学大纲、教学方法和教育质量领域的改革；而这次改革，是体制上的改革。国家下放行政权力和财政权力，将财政责任从中央下放到各个省、市和自治区。到90年代中期，国家不再负责大学生的毕业分配问题，学生就业自行解决。学校教育理念从鼓励平等互助向鼓励竞争方向发展。

出国留学在90年代是一件非常不容易的事：自费留学对绝大多数普通家庭来说基本上是天方夜谭；公派留学竞争激烈，通常只有业务上有培养前途的佼佼者才有幸拿到这样的机会。那时的我已经从某师范大学毕业，但只做个中学教师还满足不了我的雄心壮志。老母亲在这一行干了一辈子，是辛勤耕耘的园丁和名副其实的蜡烛：照亮他人，燃尽自己。我希望自己走一条不同的道路，于是进入西安一所综合大学工作，并通过全国统考获得了攻读硕士学位的机会（图6-2-3：攻读硕士研究生的我）。看到系里许多从海外归来的年轻教师，拿到了博士学位，成为系里的科研业务骨干，受到校领导重视，事业发展前途无量，自己也感到无形的压力。我的生物化学硕士学历，显然是不能满足我对自己在事业上的要求的，所以也希望出国留学深造。1997，机会终于来了。那年夏天，我怀着对未来的美好憧憬和希望，飞往英国，去追逐我的梦想去了……

图6-2-3：攻读硕士研究生的我

第七章

在数字化时代比较中英教育

21世纪的今天，国家与国家之间的经济往来不断增强，物质、人才、科学技术、文化和教育等各个领域的交流也随之不断地增强，任何一个国家都不能像以前那样，孤立发展。教育也更趋于国际化。对人才的培养，不能只局限在具有一流的科学技术知识这一方面，更需要培养具有国际素养和国际化思维能力的综合人才。国家强大，"软实力"要上去。加强基础研究，提高基础教育质量将是摆在我们教育工作者面前任重而道远的任务。

第一节:
数字教育和人工智能(AI)

1. 什么是数字教育和人工智能(AI)?

如果说19世纪末20世纪初的工业革命(Industrial Revolution)把人们从繁重的手工劳动中解放出来,取而代之的是高效便捷的工业化大型机器生产的话,那么21世纪的今天,人类社会正在转型为数字革命(Digital Revolution)阶段,并开始进入了数字化时代(Digital Era)。(表7-1-1:工业革命和数字革命的比较)媒体仅限于电视、广播、报纸或广告的日子已经一去不复返了。现代媒体允许用户通过数字设备(如笔记本电脑、手机等)以电子的方式保存和共享文件、照片、音乐、视频和其他各种信息。无论人们是出于商业原因,还是个人原因,电子媒体覆盖范围之广泛,已经极大地影响着人们相互交流的方式。换句话说,数字化时代也是信息时代,人们接受信息的方法和速度发生了本质的变化。

表7-1-1：工业革命和数字革命的比较

The Industrial Revolution 工业革命	The Digital Revolution 数字革命
Mechanical automation; 机器自动化时代；	Digital/Information automation; 数字/信息自动化时代；
Machines replace human from heavy duty labour, increase productivities; 取代人类重体力劳动，提高生产力；	AI outperform humans, and replace human mind and intelligence; 胜过人类，取代人类脑力劳动和智慧；
A lot of low-skilled jobs disappeared; 许多低技能工作消失；	Repetitive and routine jobs are vanishing; 重复性的和常规性的工作正在消失；
Don't need a lot of time and effort to re-skill yourself, e.g. farmers to factory workers. 不需要太多的时间和努力就很快适应新环境，例如从耕田到工厂作业。	A lot more skills and education are needed to re-train yourself, e.g. self-invention. 需要更多的技能和教育重新训练自己，例如自我发明和创造。

　　表7-1-2以数字收音机和传统半导体收音机为例，比较了数字信息（Digital Signals）与模拟信息（Analogue Signals）之间的不同，这也是我在英国教授GCSE物理课程时的一个章节。过去的半导体收音机需要手工调节频率来选择不同的电台节目，而且接收到的信号容易受到其他信号的干扰，导致声音不清楚，有噪音。数字收音机，由于信号在传递过程中不受其他信号干扰，声音清楚，无噪音。这些优点在其他新型电子产品中表现得更为突出。

　　数字时代，人们可以随时随地沟通，超越时空，多维动态。最大的社会变化，反映在全球性竞争上。全球经济一体化（Globalization）正在形成，国家不再是分散的投资实体，生产和创新也不再受制于国界的局限。数字时代的年轻一代通过看电视、欣赏音乐和观看国际体育比赛，链接到外面的世界，了解到全世界各地的文化，成长为世界公民，而这种现实是他们父母不曾拥有的经历。我们的世界正变得既数字化（Digital），又全球化（Global）。

表7-1-2：数字信息和模拟信息的比较（Digital vs Analogue）

	数字信息 （Digital Signals）	模拟信息 （Analogue Signals）
实例	数字收音机 	调频收音机
描述	数字信号是由两个状态ON（1）或OFF（0）组成的一系列脉冲，中间没有任何值。	信号在传递的过程中，频率和振幅都有可能发生变化。 FM收音机和AM收音机（调频和调幅）是无线电波传输的两种方式。
图像		
属性	• 无论使用光纤还是电缆，数字信号每秒载有的信息更多； • 远距离输送，信号只有0和1，不受到其他信号的影响，质量有保证。例如无噪音，图像高度清晰等。	• 模拟信号每秒载有的信息少； • 远距离输送信号，频率和振幅受到其他信号的干扰而改变，出现噪音，图像不清晰，带麻点等情况。

　　未来的就业市场竞争，也不再局限于与当地人的竞争了。多媒体、互联网将全世界的人们拉到了同一个地平

线，全球的人们在同一个平台上竞争。不仅如此，计算机技术还从根本上改变了劳动力市场：传统就业行业下滑，数字时代的人工智能（Artificial Intelligence，简称AI）技术，将取代许多技术含量偏低的重复劳动；而具有创意性的行业将会逐步上升并取代传统行业的位置。人工智能（AI）将导致许多人失业，但也会由此诞生出许多新兴职业。目前我们已经观察到，不仅普通劳动力廉价，就连名牌大学高材生的劳动力也变得廉价；雇主寻找的不仅是可以做这份工作的人，更重要的是有发明、创新和再创造能力的人才。

过去几十年科学技术的进步为人工智能（AI）的发展奠定了基础。Wi-Fi作为一种允许家用电脑、手机等电子设备连接到无线局域网（WLAN）的技术，已经进入千家万户。家庭宽带业务的不断扩大，更为Wi-Fi的进一步发展奠定了坚实的基础。个人电脑、智能手机和互联网可以说是数字时代的一个里程碑，彻底改变了我们的生活。出生在这个数字时代的孩子，多媒体已经变成其生活中不可缺少的一部分。所以西方也把这一代称为数字一代（Digital Generation）。年轻人的消费倾向趋于新媒体，特别是社交网络，导致阅读报纸的人数急速下降。电子游戏、网上购物、网上社交、网上付款转账、GPS卫星导航设备、微博、微信以及在线教育等数字产业，已经融入我们的日常生活。很难否认，数字化时代已经到来。

那么，怎样理解数字化时代的新产物——人工智能（AI）呢？一台电脑可以击败国际象棋世界冠军，并能听懂智能手机上的语音命令，这些都是人工智能（AI）的功能表现。它是计算机科学的一个领域，注重于创造像人类一样的智慧，并具有像人类一样的自然反应。但是，人类大脑神经细胞的数目是有限的，位置是固定的，一旦损伤不可再修复，这就是人为什么会瘫痪的原因。人工智能（AI）可以自我调整，重新嫁接，自我恢复，具有快速的信息整合能力和自我完善能力。也就是说，人工智能具有自学能力，比人脑更聪明。

有个实验是这样的[60]：在没有任何人类智慧帮助的情况下，让计算机就任何一个指定议题作出综合论证，包括正反两方面的意见。计算机在扫描了400万篇文献后，分析出3千多个相关句子，列出与议题最有关的前10篇文章，检测和识别论据，评估并罗列出该命题的正反两方面的意见。整个过程的特点是：速度快，精确度高。人工智能还可以将视觉照片和图片转化为语言描述出来；最令人难以置信的是，人工智能（AI）可以根据已有数据和规律，推测出将来将要发生的事件。"AI革命不仅仅局限在计算机速度更快、更聪明等方面，它更是人类在生命科学和社会科学上的突破。AI分析人类行为特征，预测人们即将作出的决定。它将取代需要人工直觉做判断的工作，例如：无人驾驶汽车，评估给新顾客贷款的风险几率以及商贸谈判等。"[61]

---

[60] Utube video (Dec 3, 2016) "Artificial Intelligence asked question about God/Trump/2 AI argue"; Available at: https://www.youtube.com/watch?v=aODnFdU_hds [Accessed on 4 Nov. 2017]

[61] Harry Y. N. (2018) *21 Lessons for the 21st Century*. Penguin Random House, UK.

数字时代的人工智能（AI），具有广泛的网络连接性，自我更新升级能力强，工作起来不吃饭，不休息，不生病，不请假，在许多方面超过人类的自然能力。它将有能力与人类互动，并参与到人类社会发展的方方面面，对人类发展既是促进，又是挑战和威胁，许多人将会因此而失业。它不仅会改变我们的思维方式，更会改变我们自己。

2. 数字教育和人工智能(AI)对择业就业的影响

毫无疑问，21世纪是数字化世纪，而且其发展速度极快，势不可挡。很多人认为这不是现在的事，而是未来的事，一个遥远未来的事，与我个人生活无多大关系。但事实并不是这样，数字时代的变化已经发生在我们身上，或我们身边。据英国《卫报》（2017）预计[62]：在今后15年内，将有超过1000万的英国工人面临被机器人取代的风险。目前，英国有30%的工作受到人工智能（AI）的威胁。而在某些行业，一半的工作可能会彻底消失。特别是在批发和零售领域，估计有225万个就业岗位处于高风险状态；其中120万人在制造业，110万人在行政管理和服务行业，95万在运输和仓储业。受到机器人威胁最小的部门则是教育、医疗和社会养老系统，因为这些领域的业务操作所需要的自动化比例不高。

单调的手工操作和重复性的日常工作将趋于自动化；

---

[62] Larry Elliott, *The Guardian* (24 March 2017) "Millions of UK workers at risk of being replaced by robots, study says"; Available at: https://www.theguardian.com/technology/2017/mar/24/millions-uk-workers-risk-replaced-robots-study-warns [Accessed on 31 Oct. 2017]

创造性强的工作，以及社交技能要求高的工作则不易被自动化取代。但是，没有哪个行业可以完全避免机器人和AI所带来的冲击。因此，终身教育和提高自学能力将变得更加重要。知识将成为一种商品，可以交换。所以我们需要转变观念，在如何教育下一代掌握技能，并不断提升自己的技能上下功夫。创意性、批判性思维以及高情商将会受到高度重视。

这一切说明，我们生活的数字时代，是一个以知识和信息为经济主导的时代，西方称之为"数字经济"（Digital Economy）。数字经济的重点在于它改变和驱动着生活在其中的每一个人。由于其变化速度很快，每十年就是一个完全不同的景观，所以生活在"数字经济"环境下的年轻一代，不仅要具备某个领域的具体专业知识，还要掌握技能，富有创意性，拥有积极的态度和工作激情。当今的很多雇主就要求雇员具备这些"软实力"。基础知识虽然依然是核心和关键，但雇主越来越看中创意性，表达能力，领导才能，团队合作能力和自信心。经常看到这样的现象：一边是雇主苦于找不到合适的雇员，另一边又是大量找不到工作的求职人员。对比特别明显和令人诧异，仿佛中间的桥梁断掉了。

在英国最近的一个民意调查中，人力资源总监表示，具有优秀的沟通技巧和思维创造力对未来的求职者至关重要。今天的学生，应将创意和创新看作是未来十年最重要的生存技能。今后的员工需要智力和主动权兼备，大学资格证书和创造力共存。所以那些掌握基础知识，并使用理论知识发明和创造的人，才是真正的赢家；其余的人只不过是使用多媒体的用户，娱乐消遣的消费者而已。

在"数字经济"的大环境下，工作年龄也越来越轻。过去许多行业都要求年轻人要有一定程度的工作经验；而数字化时代不再如此，年轻人比年长者更有优势。新媒体为年轻人提供了广阔的创新和发展空间，涌现出许多优秀的、具有企业创新精神的年轻知识产品发明家。

据英国《每日电讯报》报道[63]，一个英国17岁的少年，在2011年还在读初中GCSE课程时，就开发了一种应用软件。这个程序编程，可以在信息爆炸的今天，帮助人们预览并总结有效新闻事件，简化大众获取信息的方式，速度更快，更轻松，更简洁。该软件已被雅虎（Yahoo）以3000万美元收购。这名少年在他读A-Level课程的同时，也开始了他在互联网巨头雅虎公司的全职工作。虽然还是学生，他比自己的老师和校长还成功。

这个时代的特点是，信息就是知识，知识就是力量。所以教育的目的也发生了变化。传统教育注重教书育人，尤其是在育人方面，注重培养有知识、有修养的知识分子；有能力欣赏人类历史灿烂文明，并从中获益，回馈社会的年轻人。而在以"数字经济"为主导的数字化时代，教育的目的发生了转移。教育不再是为人生做准备，教育

---

[63] Jessica Winch, *The Telegraph* (25 Mar 2013), "British teen sells Summly app for millions"; Available at: http://www.telegraph.co.uk/finance/newsbysector/mediatechnologyandtelecoms/9952658/British-teen-sells-Summly-app-for-millions.html [Accessed on 24 Oct. 2017]

本身就是生命的一部分。为了保持竞争力，人们应该不断地自我提高，不断地接受再教育。活到老，学到老，才是确保自己不掉队的关键所在。培养学生的"软实力"，自主创新精神，精明能干，适应性强，将是教育的主要任务。

有专家指出：缺乏"软实力"仍是阻碍年轻人就业的一大障碍。"软实力"或"就业能力"是许多雇主最看中的雇佣因素，这些因素包括：自律能力，语言沟通能力，与他人的合作能力，以及是否自信，是否对他人有同情心等。雇主对这些技能的要求也越来越高。英国教学大纲规定，每个10年级的学生，都要接受社会实践。学生在学校的帮助下，找到自己喜欢的职业岗位，做学徒工作，时间两周左右，以了解外面的世界，获取必要的工作经验。同时校内课程经常安排合作项目（project work），实地考察（field trips），体育和音乐（sport and music）等，为学生提供理论联系实际的场合和机会。

令人担忧的是，是否有经济回报，成为判断产品价值、判断劳动力价值的最终标准，甚至是唯一标准。这个理念不太合乎传统道德规范，将生产者与消费者两种人群分得越来越开。大多数人将自己的注意力转向肤浅的消费型生活方式，远离了人生的真正价值。同时，不是每一个人都是具有创意性的人才。人们的创造性能力其实是参差不齐的，有些人更适合做反复重复性的工作，所以AI会淘汰这类人群。如何保持平等公正，就成了数字化时代需要认真思考的问题。

另外，中低收入阶层的工人，被自动化信息技术取代的风险最大。人们的工作，不再是过去意义的"铁饭碗"了。追求稳定的生活方式、一辈子不变的时代一去不复返了。例如我国20世纪90年代，在广东、深圳等沿海城市涌现出许多制造业工厂，吸引了大量农村青年去那里打工和谋生。他们中的许多人认为，自己的这项工作就是自己的终身职业，可以一直干到退休。但是现在，情况有所变化。转变自己，适应新形势，挑战着许多人。数字化时代，是一个飞速变化的时代。人们一定要有全方位的知识和能力，才有立足之地。活到老，学到老，才是每个人应该具有的素质。

虽然高技能、高收入的工作数量在很多领域增加了，但中等收入的人员和家庭却在逐渐消失，导致闲置劳动力大幅增长。这个群体，面临着工作时间不规律，收入不规律的困境。更重要的是，他们失去了与正规员工相同的福利待遇和工作保障。英国许多公司的"零时工合同"（Zero-hour contract）政策或称"零时合约"，就是一个典型的例子。

3. 数字化教育的特点

数字时代的教育重点不再是灌输理论知识，而是培养学生"终生学习"（life-long learning）的能力和不断自我提高的技能。教师在教学中更侧重于传授技术和技能，而不是关注自己使用什么样的教学方法，例如"教师主导法"还是"学生主导法"。更经济、更有效的教学方法正在逐步形成。这种新的教学方法在保持传统的核心教学方式的前提下，适应新形势，作出新调整：个性化教学、远程教育、数字评估测试等，将是数字教育的重要方法。据调查[64]，2016年全球高等教育部门的在线技术支出超过382亿美元。该技术将通过提供"数字生态系统"（Digital Ecosystem）来改变教育格局，以应对个性化学习的挑战。

有调查报告指出[65]，到2020年，高等教育与今天相比，将会发生很大的变化。教学方式将大量采用电话会议和远程学习，以充分有效地利用专家资源。大量的学习任务将转型为个性化的、随时随地方式的学习。那时的教育将是一个"混合"形式，将大量的在线学习与少量的校园课堂面对面教育有机地结合在一起。大多数大学对学生的最终测试将以个人的学习结果和能力为指导，结合相关专业知识进行评估。毕业要求将大幅转型为量体裁衣式的、具有个性化的成果。这是数字教学的根本变化。

我们知道，"教师主导法"更注重的是讲解和说教，而不是探询；"学生主导法"更注重的是探讨和发现。数字时代的教育方法则是根本的转型，具体操作上讲究个性化教学，用计算机互联网作为工具，开发学生的独立创造力，鼓励学生提出强有力的问题，提高发明创造能力、批判性思维能力、团队合作能力和语言交流能力。

---

[64] Mobiloitte (October 13, 2016); "How is Digital revolutionizing the Education landscape?" Available at: http://www.mobiloitte.com/blog/digital-revolutionizing-education-landscape [Accessed on 21 Oct. 2017]

[65] Janna Quitney Anderson (July 27, 2012) "The future impact of the Internet on higher education p.4; Available at: http://www.pewinternet.org/files/oldmedia/Files/Reports/2012/PIP_Future_of_Higher_Ed.pdf [Accessed on 4 Nov. 2017]

很多人对在教学上所发生的根本性变化存在恐惧感，需要时间接受和适应。我认为，数字教育之所以不同于传统意义上的教学，不仅是因为教学方法的差异，最根本的是教学目的和教学理念的改变。我们传统的教育方式通常集中于对原理、公式和历史事件等知识的记忆。这些知识可以轻松便利地在网上查询并获取。这种知识现在无处不在，互联网信息超载，任何教科书或任何章节练习题，都可以轻松地在网络上以多种不同的形式搜索到。

而传统的教学，是以追求学习成绩和学科卓越，拿高分，上名牌大学，最终找个理想的好工作为最终目的的。但事实上，即使是找到了高工资的好工作，工作也不稳定。因为现在的许多工作，已不再是终身职业。同时，工作的本质还是接受指挥，去完成指定任务而已，并没有多少自主权。所以稳定是相对的、暂时的；变化才是绝对的、永恒的。虽然永恒的变化会给人们带来不安和焦虑，但这个时代，"变化是唯一的稳定因素"⑥⑥。

这就是21世纪数字教育的新景观。首先，数字教育的目的，是为了培养掌握自己命运、掌握自己人生的主人。找个好工作不是最终目的，做把握自己人生命运的人才是目的。这不仅包括通常意义上的企业家的概念，还包括抽象意义理解的创业者，一个不断在新形势下寻找自我的挑战者。所以这种技能超出了专业技术知识的范畴。其次，熟练掌握如何自己获取更高水平知识和信息的能力最

---

⑥⑥ Harry Y. N. (2018) *21 Lessons for the 21st Century*. Penguin Random House, UK.

为关键。在此基础上，还要具备思维敏捷，语言组织能力强，社交能力强，自信但不自傲，知识面广，说服力强，有节有力却不霸道，合作创新等优秀素质，做一个有勇气、有能力的全能选手。

当然，学生仍然需要学习基本知识。当学生在互联网上寻找信息时，仍然需要批判思维能力。就学生而言，更重要的是要问自己，你能用这些知识做些什么？你如何利用这些知识创造新的价值？这才是高层次的脑力劳动。这才是真正意义上的应用知识的能力，才是综合能力，才是分析能力，才是创造能力。

令人担心的是，由于我国乃至全世界都存在着经济发展不平衡的状况，人们是否可以接收到网络信号，将是决定谁是赢家的一个重要因素。这也将会进一步拉开贫穷与富裕阶层的距离。

第二节：

虚拟现实(Virtual Reality)——人工智能技术下的教育新景观

我们可以看到，21世纪的教育方法和使用的教学技术已经发生了巨大的变化。从过去的打字机到今天的电脑；从过去的电话到今天的电子邮件；从过去的粉笔黑板到今天的多功能智能授课板，我们把虚拟影像变成了真实世界。教育也变得越来越数字化了。数字时代的世界，具有虚拟（Virtual）与现实（Reality）同时存在的双重特性，是个混合物。生活在这个时代的孩子，也是数字化时代的新一代（Digital Generation）。如何适应新形势，教育好数字一代？AI技术对教育又会带来什么影响和变化？

　　这里，首先要了解什么是虚拟现实（Virtual Reality，简称 VR）。虚拟现实是一个人造世界，它是用计算机编程创造出的世界。带上特制的眼镜，人们可以体验到一个"真实"的虚拟世界，并与这个完全隔离的虚拟世界互动。这就是我们的世界，一个发展速度极快的、虚拟与现实相混合的世界。它不是未来，它已经发生，就在现在，并逐渐成长壮大着。

　　虚拟与真实的混合世界将给我们的生活体验带来巨大的变化。带上特制的眼镜（图7-2-1：虚拟现实技术），人们观看新闻报道的体验是：自己就在报道事件中，身临其境。学习历史或地理知识，学生不仅仅是阅读课本上的文字，而且可以走进当时的年代，遇到那个年代的人物；也可以迈入千里之外的名胜古迹，足不出户就体验到当地的文化和风俗民情。观看世界级足球比赛，带上这种眼镜，不仅可以观看比赛，更可以参与比赛，甚至影响比赛结果。

图7-2-1：虚拟现实技术

这种虚拟旅游，把非现实变成现实的数字技术，可以把人们带入太空，感受登上月球的神奇体验。还可以让人们换位思考，设身处地体验遭受他人歧视的滋味。虚拟世界与真实世界的混合，使得人们拥有身临其境的亲身体验，并极大地影响人们看待世界的角度，改变生活态度。

虚拟现实（VR）对教育的影响意义深远。学生就读的VR大学，没有真实的校园实体，却拥有世界一流的教授、实验室和图书馆。家长想送孩子去名校，或转学，更换学校的学习环境等，都可以通过虚拟现实（VR）而实现。

数字化教学，将虚拟世界和真实世界相混合，使学生在虚拟世界中身临其境，学习体验真实世界的场景和事物。传统的教学方法将被身临其境的演示实验所取代，学生可以在虚拟的场景中获取真实世界的直接经验。以培训飞机驾驶员为例，学生可以在虚拟的驾驶舱练习并掌握飞行技能。

再以科学课为例，学生进入VR学校，VR实验室里的仪器设备将是世界一流的，不存在传统实验室因为预算限制而无力购买的情况。学生可以动手操作各种实验，包括安全系数比较低的危险实验。同时，学生可以走近微观世界，仿佛自己钻进了细胞核里面一样，去学习掌握DNA的复制原理；在了解细菌的结构和功能时，不必担心会被感染的问题。教室里习以为常的桌椅不复存在，取而代之的是空置的空间。因为学生需要自由走动，与数字环境中的虚拟场景互动，而不是坐在传统的教室里伏案苦读。

现在有很多关于将虚拟现实（VR）引入教育，带进课堂的大型讲座、文章和科研报道，我个人也学习了很多。我的感觉是：一个讲座，将国家教学大纲中的一小部分中学内容编程为VR展示给听众，效果很好；但将全部内容编程将需要大量的IT技术人力投入，外加专业学科教师的协作。这包括各个学科，各个年龄段的学科内容。同时，并不是所有教学内容都适合VR的，比如写作能力，就需要多动手，多分享同班同学的同类作品，提高才更快。

开发虚拟现实（VR）教学课程，需要计算机公司的IT人员完成。这是一项非常专业，非常昂贵的工程，通常只有资金实力雄厚的大公司才有能力完成。这样一来，许多小企业会没有机会在VR时代得到发展，使得整个虚拟现实（VR）教育产业垄断化，社会平等竞争度降低。

VR 学校对学生学习的好处是：

- 学习不再只是在校园内进行，学习可以在任何场所、任何时间进行。随时随地上课，把课堂带到了你的身边；
- 协作学习：数字化教学技术不受地理位置的限制，可以将任何地方的学生连接在一起，协作讨论，互动，并培养自信心；
- 个性化学习：虚拟和现实相混合的学习工具，使学生不再依赖于传统的教师宣讲的授课方式，给学生提供个性化学习的机会，并按照自己的进度前进；

- 学习内容自由灵活：学生可以选择学习自己感兴趣的东西，不受干扰；
- 虚拟教师没有控制纪律的烦恼，而且是一对一教学，效果更好。

所以，数字化时代的VR技术不仅仅是给现有产品和服务提供所谓附加功能，客户体验本身就是数字化。这种体验，影响着人们的价值观，传统价值观正发生着微妙的变化和转移。人们开始重新审视生命的意义，并重新调整和建立自己与环境的关系、与工作的关系。

虽然虚拟现实（VR）能够创造一个虚拟的"真实"世界，给人类提供超越想象的体验。但我认为，虚拟现实（VR）也给学生和学校带来负面影响：

- 对胆小的人造成恐吓：例如高山攀援，如果是有恐高症的人去体验爬山者的经历，那身临海拔极高的深山大川攀援，可能就是非常可怕的事情；
- 站在虚拟的巨大物件前，自己很渺小；站在虚拟的小型物件前，自己很巨大。这两种感受是不一样的，对人的心理是有影响的，尤其如果物件是个食肉动物；
- 心理和精神上的影响：虚拟现实（VR）给人们创造了一个泡沫假象，人们生活在这个混合世界，有时会分不清真假世界，造成精神上麻木不仁，感情世界冷漠；对他人漠不关心，对社会责任感降低。遇到现实世界的不公行为时，不会打抱不平，见义勇为；

- 虽然虚拟实验室设备齐全，但毕竟不是真实实验室，试剂药品看得见，却摸不着实体，学生也闻不到不同试剂特有气味，感受不到溶液的温度。所以正常情况下的自御反应能力降低。闻到危险气味没有产生危险信号；对烫手的烧杯没有概念依然去碰。

- 学校购买VR设备和教学课程，将会比较昂贵，加大学校与学校之间的差别。

　　总之，数字化时代的虚拟现实教学模式，无疑将改变教师的教学方式以及学生获得知识、技能和信息的方式。数字时代，人们以自己的方式实现着自己的梦想，传统的学校和教室已经改变。你在哪里已经不再重要，虚拟教室创造了广阔的学习空间。学习内容量身定制；学习方法以激发学生潜能和创造力为指导思想；学习目的是为了培养学生的管理能力，掌握信息和利用信息的能力，以及沟通和社交能力。数字时代的年轻人，应该具有冒险精神，适应性强，有能力把握自己的命运。

第三节：
在数字化时代比较中英教育

中国有句老话：少壮不努力，老大徒伤悲。在21世纪信息化时代、数字化时代的今天，应该如何重新审视和理解这句名言呢？

死记硬背的学习方法会逐渐被淘汰，因为这些知识可以在互联网上搜索到；培养学生使用已有知识，发明创新，将显得更为重要。也就是说，应用知识的能力、调查研究的能力、团队合作的能力，是数字信息化时代教育的重点。中英两国之教育，乃至全世界的教育目的和教育模式，将变得越来越相似。大家拼的都是一件事 —— 国民的"软实力"！

也许很多人并没有在意自己身边的变化，也对周围的变化熟视无睹。事实上，我们已经迈入了信息化的数字时代，"数字经济"已经渗透到社会生活的各个角落，影响着人们的生活方式、人与人之间的互动方式、社会经济环境和教育环境。知识和观念可以在互联网上、新闻平台上瞬间传播开来。在这个大环境下，世界变得越来越小，联系越来越紧密，文化也变得越来越融合。

这个时代的年轻人，不仅需要与本国人竞争，而且还不可避免地要与世界各国同龄人竞争。专业知识必不可少，但"软实力"则更为重要。各国的教育工作者，也都看到了这个变化。对广大年轻人来说，是机遇，更是挑战。

大家都感受到中英教育之间的不同：中国大多数时间还在使用"以教师为中心"的说教式教学方法，也就是以传授知识为核心的教学方法。英国多使用"以学生为中心"的启发式教学方法，也就是以培养技能为核心的教学方法。两种方法都非常重要，各有利弊，没有绝对的好与坏，关键是要针对学生的年龄，以及讲授的具体内容。一个好教师，应该是一个两种方法兼顾的人，在教学上因人而异，因材施教。

英国教育讲究快乐学习，培养学生的"软实力"。但我认为，中国人的"软实力"，其实一点都不比英国人差。中国人当年"自己动手，丰衣足食"，就是在当时历史条件下"软实力"的最好体现。今天，中国人的"中国创造"，还是"软实力"。所以中国人要自信。不自信，是因为不了解对方，获得的信息片面的原因。现在是数字时代，是信息时代，了解对方的机会和途径多了，也就可以对照比较自己了，这对建立自信心会更有帮助。

其实我个人感觉国内的发展快过英国（图7-3-1：TEDx YaohuLake演讲嘉宾）。英国喜欢保持传统：一个乡村一百年不变，古老的房屋，一个工作人员的乡村邮局等，坐落在绿草小溪旁，曲径通幽。长期定居英国的我，习惯了这种单调孤独的生活，偶尔回国探亲，好像刘姥姥进了大观园。国内变化大，发展迅速，让我应接不暇。且不说高大豪华的综合购物中心、琳琅满目的商品和美食，就是地摊卖菜的，也是二维码手机刷卡，支付宝或微信支付。吃个路边小吃，不用现金，全是手机支付。同学帮我打车，使用APP滴滴打车，手机上马上显示出好几辆出租车，在手机上爬来爬去，好像小虫虫一样，特别好玩。电动汽车也步入了百姓家庭：无噪音，无污染，马力还不小，坐在车里，真是一种享受。

图7-3-1：TEDX YaohuLake演讲嘉宾

信息时代的孩子，仿佛正在失去对真实世界的感知。在英国，各类蔬菜瓜果一年四季都能买到，孩子们，甚至家长对蔬菜瓜果的季节性失去了概念，不知道在自然环境下，这些植物是分季节成熟的。温室大棚里种植出来的东西，经过生物工程基因改造，各个看上去都一模一样，吃起来没有味道。记得我小的时候，冬天就是大白菜、胡萝卜和红薯之类的。爸爸挖个地窖将胡萝卜存放进去，可以保鲜很长时间。而到了夏天，大西瓜到处可见。上中学时，老师教我们地理课，讲到我国西北地区天气寒冷，昼夜温差大，所以葡萄糖分多，肉质密而甜的情形时，现在还在流口水。"抱着火炉吃西瓜"的段子，更是至今难忘。

现在的孩子，尤其是大城市的孩子，可能对大自然的认知也没有父辈多了，对季节性蔬菜概念更是不足。很少有人知道萝卜是根，土豆是茎，仙人掌身上的刺是叶。我担心如果数字教育经常将孩子带到虚幻现实中去，会不会导致物质财富和文化精神财富匹配失调，孩子们更加远离现实世界？

前面提到过，数字教育超越了国界文化习惯的影响，教育方法变得非常相似。数字教育的特点是：终身化教育、个性化教育、随时随地的教育、人工智能（AI）和虚幻现实（VR）技术含量高的教育，是一种传统教育模式与新型网络教育并存、传统课堂和VR课堂相结合的混合教育。教育的目的不是为了上名牌大学，找好工作，而是为了培养有创新能力的，具有自我发现、自我发展能力的革新企业家。

目前我国基础教育适应数字时代新形势，正在全面改革之中。主要变革包括：

● 改变"一考定终身"的制度[67]

我国每年有900多万的学生要经历一场至关重要的考试，这场考试的成败将决定学生上什么样的大学，并最终影响他们未来的工作岗位和社会地位。我国公立教育体系基本上全部都是围绕着这场压力巨大的"高考"而展开。

2017年起，高考将参考高考统考成绩和高中在校成绩两个方面，综合评价。高考科目采用3+3模式：全国统考科目有语文、数学、外语3门；高中在校考试科目在物理、生物、化学、历史、地理和政治这6门课中任选3门。该项改革，改变了"一考定终身"的弊端，综合实力显得更加重要。

● 强调语文水平的重要性

语文水平是一个人的语言表达能力的体现，是个"软实力"。语文不仅仅是文科的事，理科论文的写作同样要求语文表达能力，因为它关系到一个人的阐述能力和批判性思维能力。

语文不光光是语言，还包括文学。英国的英语，就包括英语语言（English Language）和英语文学（English Literature）两门科目。英语语言主要训练的是听、说、读、写四个方面，而英语文学则注重于文学作品的阅读、分析和讨论。所以，英国中学生在校期间要阅

---

[67] 腾讯网，"告别一考定终身！天津高考综合改革方案得到教育部批复"
http://new.qq.com/omn/20180405/20180405F0EVNJ.html

读大量的文学作品，并进行分析和评论。学校图书馆从早到晚连轴开放，中午不休息。我国中学生阅读优秀文学作品的习惯需要在学校的帮助下养成和巩固。广读丛书是提高修养的关键步骤，只看手机上的东西是远远不够的。所以语文学习，也是素质教育的一个重要环节。

● 素质教育更为重要

3+3模式的考试，打破只用分数招人的局面，孩子从小学就注意全方位培养：独立思考，有主见；口才好，笔杆子也利；文体全方面发展。

以上改革措施可以看出，21世纪是数字时代，教育比的是人的综合实力，而不仅仅是分数。我国的教育改革，将原来的文理分科教学模式，改变成现在的文理科分科不明显的新的教学模式，目的是为了加强各科的教学，培养全面发展的、具有综合实力的新一代。

起初对国内许多设在购物中心的教育机构感到不解，认为学校就是学校，怎么可以设在商场？走进去一看，绝大多数是幼儿英语学习班。爷爷奶奶、爸爸妈妈带着孩子来读书，里面的教室由玻璃隔开，可以观察到上课情形。虽然这种教育不是国家计划内的全日制义务教育形式，但这绝非我国之特色。

回到英国，我也吃惊地发现，原来综合购物中心的一家服装店，现在变成了课外教学中心。从11+，13+，GCSE到A-Level，什么年龄段的孩子都教；课程目前只看到英语和数学两门专业，以计算机软件为工具，传统教学方法和数字网络技术相结合，学习更加个性化，在教授学生核心知识的同时，还非常注重培养学生对知识的应用能力。这种形式看上去与国内很多商场里的幼儿英语培训机构十分相似。

2017年底，我应邀去欧洲某国家的一个教育机构讲学，并交换教学方法。这家教育机构是个拥有着庞大经济实力的计算机公司，专为4-14岁的少年儿童设计英语、数学等计算机教学课件，并在全国几百家学校推广使用。他们也拥有自己的教育培训分支，遍布全国，和中国、英国商场中出现的教育形式非常类似。在那里，我有幸与该国教育界同行进行了面对面地沟通，发现虽然我们相隔千山万水，虽然我们语言文化不同，但教育方法正逐渐走到了同一条路上，相同之处越来越多。在21世纪的数字教育和虚拟现实，将世界各国教育模式融合在一起。科学技术的发展导致世界各国教育越来越相似，真是殊途同归了！

信息时代将教育拉到了一个地平线上，人们的竞争不再是局部的，或同一国家的内部竞争，而是国际性质的世界性竞争。中国人在继承自己传统文化的同时，非常主动地学习西方语言和文化，送孩子出国留学，扩大视野。同时，英国也在积极学习中国优秀的数学教学方法，加强中英两国教师的互访和学习。2018年1月30日，英国首相特蕾莎·梅访华，推动中英两国在各个领域的贸易和投资，巩固和加强了两国"黄金时代"的关系。在教育领域，将继续扩大两国数学教师的交流互访计划，联合培训英国和中国的学前教育工作者，更好地分享职业教育信息，并在中国大力推广学习英语的运动。据报道[68]，教育交易价值超过5.5亿英镑，将在英国创造800个就业机会。

今天的孩子在日常学习生活中，更多使用的是各种各样的数字设备。青少年通过数字信息技术与朋友互动，玩游戏，并在互联网上观看视频，这些技术，无疑影响着他们的思维水平、社会行为和创造力，但也会对他们产生负面影响。作为家长，我们有责任指导他们更好地使用这些设备，并设置一些限制措施，以避免孩子成为网络欺凌（Cyber bullying）的受害者。

再有，生活在数字时代的人们缺乏真正的沟通。虽然数字媒体可以将远在天边的人，拉到近在眼前的距离，超越了时间和空间，随时随地可以了解对方的动态；但其实又有"近在眼前，却远在天边"的感觉。如果你进入餐厅或咖啡馆观察一下，就会发现，现在的年轻人即使在面对面的时候，也在网上聊天；似乎花在线上聊天的时间多于线下与真人面对面的倾诉。这是一个全球性的问题：人们越来越容易用"表情包"来表达自己的感受，而不是真实的情绪。人们的沟通其实出现了鸿沟，空洞文化正在形成。人们不需要与周围的人直接交往，而是借助于手机、iPad等电子设备。慢慢地，在数字技术和人工智能

---

[68] *The Independent* (30 Jan 2018); "Theresa May launches 500m education programmes with China"; Available at: https://www.independent.co.uk/news/uk/politics/theresa-may-china-visit-latest-education-programmes-expansion-brexit-deal-teacher-exchange-scheme-uk-a8185076.html [Accessed on 1 May.2018]

（AI）越来越像真人的同时，真人却变得越来越像个机器人；而且人和人在心灵上的距离也越来越远。

在数字化时代的今天，好成绩≠好大学≠好工作≠好收入，终身职业或铁饭碗越来越少。这个时代的年轻人，一定要有创新意识和自我导航意识，不断提高自我，不断地接受再教育。活到老，学到老，才是确保自己不掉队的关键所在，也是教育的主要任务。"铁饭碗"不复存在，"终身职业"一去不复返。所以，"少壮需努力，老大不放弃"才应该是21世纪数字信息化新时代的核心和教育理念；只有拥有追求卓越的思想和精神，才能在国际竞争中取胜；无论是中式教育，还是英式教育，各有其优点，可以相互学习，相互借鉴，在追求卓越的道路上殊途同归！